Von der Hauptschule in die Ausbildung

Berufswahl(test) für Hauptschüler

AF211130

Till Kammerer

Von der Hauptschule in die Ausbildung

Berufswahl(test) für Hauptschüler

Bibliografische Information der Deutschen Nationalbibliothek
Die Deutsche Nationalbibliothek verzeichnet diese Publikation in der Deutschen Nationalbibliografie; detaillierte bibliografische Daten sind im Internet über http://dnb.d-nb.de abrufbar.

Herstellung und Verlag:
Books on Demand GmbH, Norderstedt

ISBN: 9783837090451

Inhalt

Vorwort

Berufsorientierung „aus einem Guss"

In vielen Fällen läuft Berufsorientierung nach dem Schema „Sammeln und dann für die Auswertung entweder noch ein zweites Buch kaufen oder mit der Sammlung zum privaten bzw. öffentlich-rechtlichen Berufsberater (Agentur für Arbeit) gehen".

Daher möchte ich einen Ansatz anbieten, der neben der Sammlung beruflich bedeutsamer Fähigkeiten und Eigenschaften auch die Auswertung dieser Sammlung umfasst – eben Berufsorientierung „aus einem Guss".

Zielgruppe: HauptschülerInnen

Meine Zielgruppe sind dabei Hauptschülerinnen und Hauptschüler, die sich ein bis zwei Jahre vor ihrem Schulabschluss befinden und somit die „heiße Phase" beruflicher Zielfindung betreten. Ich habe diese Zielgruppe gewählt, weil es mein Eindruck ist, dass sich der Großteil der am Markt verfügbaren Literatur zur Berufsorientierung von Schülern auf die Abgänger von Realschulen und Gymnasien konzentriert.

Die Auswahl der Berufe, Teil 1:
Mindestens 20 Prozent Hauptschüleranteil

Im Hinblick auf diese Zielgruppe war mir eine <u>Grundauswahl</u> von Ausbildungen wichtig, die die Wirklichkeit des Ausbildungsmarktes wiedergibt:

Ein großer Teil der Hauptschulabsolventen macht jedes Jahr die frustrierende Erfahrung, dass mit ihrem Abschluss der Zugang zu einer Reihe von dualen Ausbildungsberufen faktisch – und im Gegensatz zu rechtlichen Regelungen, die für die meisten Ausbildungen ja keinen bestimmten Schulabschluss vorschreiben – versperrt ist.

Es macht meiner Meinung nach wenig Sinn, für diese Zielgruppe im Sinne eines Gießkannenprinzips ein Referenzsystem für die Berufsorientierung zu entwickeln, dass als Ergebnis einer Selbsterkundung in den einschlägigen Kategorien wie Interessen, Fähigkeiten, Wünsche etc. **alle** existierenden dualen Berufsausbildungen präsentiert.

Daher finden sich in meinem Buch nur solche **Zielausbildungen** im Auswertungsteil, in denen HauptschülerInnen statistisch nachweislich mindestens 20 Prozent der Ausbildungsanfänger stellen – mindestens, wie gesagt: denn der **Hauptschüleranteil** der in diesem Buch vorgestellten Berufe umfasst teilweise **bis zu 50 Prozent**. Stichtag ist dabei der Beginn des Ausbildungsjahres 2006, da die Hauptschüleranteile dieses Jahres die aktuellsten vorliegenden Daten darstellen.

Die Auswahl der Berufe, Teil 2:
Zahl der vorhandenen Ausbildungsplätze

Wichtig war mir darüber hinaus – bis auf wenige Ausnahmen – zweitens, keine allzu exotischen Berufsausbildungen aufzunehmen: also Berufe, in denen es kaum Ausbildungsstellen gibt. Ein Beispiel ist hier der „Fräser", dessen Hauptschüleranteil unter den Ausbildungsanfängern zwar über 20 Prozent liegt, der aber nur regional ausgebildet wird.

Weitere Beispiele wären der „Produktionsmechaniker Textil" mit bundesweit gerade einmal 360 sowie die „Modenäherin" mit bundesweit 819 Auszubildenden (Stand jeweils

August 2006; Quelle: Aus- und Weiterbildungsstatistik des Bundesinstituts für Berufsbildung: http://www2.bibb.de/tools/db_aws/dtazub_z.php?bereich=0)

Hinweis:
Für die brandneuen Ausbildungen „Speiseeishersteller" und „Automatenfachmann" lagen diese Zahlen zum Zeitpunkt der Veröffentlichung noch nicht vor, da diese beiden Ausbildungen erst seit dem 01. August 2008 existieren. Es ist aber absehbar, dass beide Berufe hervorragende Einstiegsperspektiven für HauptschülerInnen bieten werden.

Bevor es noch um einige Worte zu den gewählten Rubriken im Teil „Sammlung" geht, sei noch ein letzter formaler Hinweis gestattet:
Ich habe weitgehend auf die Doppelverwendung von weiblicher und männlicher Form bei den Berufsbezeichnungen weitgehend verzichtet. Dies dient – ganz besonders bei berufskundlicher Literatur – der Übersichtlichkeit, da ein Text bei zu vielen „Ausbildungen zur/ zum Fachfrau/-mann für Systemgastronomie und zur/ zum Kauffrau/-mann im Einzelhandel" zu Flirren beginnt.
Dass im Falle jeder der in diesem Buch vorgestellten Ausbildungen junge Frauen ebenso angesprochen sind wie junge Männer, ist selbstverständlich.

Abschließend noch ein Wort in eigener Sache:

Ich freue mich über Lob, Anregungen oder Kritik an: autor@gmx.info.

Berufsberatungen erhalten Sie bzw. erhältst du entweder bei Ihrer/ deiner örtlichen Agentur für Arbeit (dort nach dem Team Berufsberatung und Ausbildungsvermittlung/ U25 erkundigen).

Oder aber, wenn Sie private Berufsberater bevorzugen, über die Gelben Seiten Ihrer Kommune.

Auch ein Blick in das online verfügbare Berufsberatungsregister www.bbregister.de kann sich lohnen, da sich hier – regional zugeordnet – einige entsprechende Kontaktadressen finden.

Viel Erfolg bei deiner beruflichen Orientierung!

Hamburg, im Februar 2009

Till Kammerer

Zum Aufbau des Buches:
In drei Schritten zu einer realistischen Wunschausbildung

Schritt 1:

Über ein Koordinatensystem mit Ankreuzmöglichkeit entwickelst du im 1. Schritt deine beruflich verwertbaren Eigenschaften, Fähigkeiten und Interessen.

Die Kategorien, die ich für diese Bestandsaufnahme in eigener Sache ansetze, sind:

• Körperliche/ geistige Fähigkeiten – konkrete Tätigkeiten

• Körperliche/ geistige Fähigkeiten – allgemeine Ebene und Eigenschaften

• Gegenstände/ Materialien/ Arbeitsmittel, mit denen ich gern umgehe

Erläuterung zu diesen gewählten Kategorien:

Eine Trennung von körperlichen und geistigen Fähigkeiten, wie sie einige Autoren vornehmen, finde ich nicht sinnvoll, da es zwischen beiden Kategorien zu viele Überschneidungen gibt, etwa: „Haare schneiden" (hier sind, in der an und für sich ja körperlichen Fähigkeit, auch Eigenschaften und eben auch geistige Fähigkeiten wie Geschicklichkeit, Sinn für Farbe und Form enthalten); „Schlauch flicken" (= mechanisches Geschick).

Daher habe ich „körperlich/ geistig" gebündelt – aber gleichzeitig unterschieden im Hinblick auf konkrete (prakti-

11

sche) Tätigkeit einerseits (zu erfragen über Beispieltätigkeiten, die auf deine alltägliche Lebenswelt Bezug nehmen) und „allgemeine", sozusagen hinter der jeweiligen Begabung für eine best. körperliche/ geistige Tätigkeit steckende Fähigkeit andererseits. Letztere sind auch im Sinne beruflich bedeutsamer persönlicher Eigenschaften zu verstehen.

Wichtiger Hinweis zum praktischen Vorgehen beim Ankreuzen:

Kreuze nur Tätigkeiten und Eigenschaften an, die du schon einmal ausgeführt hast (im Falle der Tätigkeiten) bzw. durch praktisches Ausführen bei dir festgestellt hast (im Falle der Eigenschaften). Außerdem nur solche Gegenstände/ Materialien/ Arbeitsgegenstände, die du schon einmal bei einer konkreten Tätigkeit kennen gelernt hast.

Für das Ankreuzen zählt also die praktische Erfahrung – nicht eine <u>Vorstellung</u> davon, ob du zum Beispiel gern mit Metall arbeiten würdest oder ob du ein guter Verkäufer auf dem Flohmarkt wärst!

<u>Ergebnis von Schritt 1:</u>

Persönliches Ergebnis Schritt 1: Code (Kürzel), die du im jetzt folgenden Schritt 2 den dort aufgelisteten Berufsausbildungen zuordnest.

Schritt 2:

Auswertung: Zuordnung des persönlichen Codes (der Kürzel) zu konkreten Ausbildungen (zum Beispiel Fleischer/in, Gärtner/in, Friseur/in etc.).

Unter diesem Schritt findest du eine Sammlung von Berufsausbildungen. Du brauchst hier also nur Nachschlagen, welche Ausbildungen zu dir passen.

Wie im Vorwort erwähnt:
Hier stehen nur solche Ausbildungsberufe, in denen HauptschülerInnen statistisch nachweislich mindestens 20 Prozent der AusbildungsanfängerInnen stellen.

Erläuterung zu den gewählten Rubriken (Plan, Mech, Elektro usw.):

Natürlich ist die Zuordnung der Berufsausbildungen zu den Rubriken dieses Teils auf Grundlage einer Beschäftigung mit den typischen Aufgaben und Anforderungen eben jener Ausbildungen erfolgt. Dennoch kann es keine hundertprozentige Deckungsgleichheit geben – dafür sind die Berufe an sich zu komplex. Ich hoffe jedoch, dass die Zuordnungen im Sinne von Richtungshinweisen ihren Zweck erfüllen.
Es mussten bei den Zuordnungen teils auch Entscheidungen getroffen werden, die nicht auf Empirie beruhen (und dies wohl auch nicht können) – hierzu zwei Beispiele:

1.) Natürlich sollte kein Azubi – unabhängig von der Ausbildung – schlampig arbeiten. Auf den tausendstel Millimeter genau arbeiten aber eben nur wenige; besonders häufig finden sie sich in mechanischen Lehrberufen (z.B. Zerspanungsmechaniker). Diese Ausbildungsberufe habe ich daher der Rubrik „Plan" zugeordnet – im Gegensatz zu vielen anderen Ausbildungen, die deshalb aber noch lange keine „Einladung" zu einer sorglosen Arbeitsweise darstellen.

2.) Abschließend noch ein Beispiel aus der Kategorie „Bevorzugte Arbeitsmittel" (vgl. Kapitel „Erster Schritt" in diesem Buch): Natürlich arbeiten auch Kanalbauer mit dem Werkstoff Kunststoff – etwa dann, wenn diese Tiefbaufacharbeiter leichte Kunststoffrohre verlegen. Sie stellen diese Kunststoffrohre aber nicht selbst her oder haben „ständig" mit ihnen zu tun. Darum habe ich beispielsweise Kraftfahrzeugmechatroniker, die *regelmäßig* Kunststoffbauteile montieren, der Kategorie „künstliches Material" (unter „Gegenstände, Materialien, Arbeitsmittel, mit denen ich gerne arbeite" a.a.O.) zugeordnet – Kanalbauer hingegen nicht.

Schritt 3:

Bis hierhin hast du „nur" die Namen von Ausbildungen als dein persönliches Ergebnis vorliegen. Um die einzelnen Ausbildungen ein wenig mit Leben zu füllen, habe ich als Teil 3 eine Sammlung mit Ausbildungsprofilen beigefügt. Das sind Kurzinformationen zu den Berufen.

Jedes dieser Ausbildungsprofile umfasst:

• Typische Tätigkeiten/ Aufgaben in der jeweiligen Ausbildung (= die wichtigsten Antworten auf die Frage „Was machen Zweiradmechaniker, Fachkräfte für Möbel-, Küchen- und Umzugsservice, Gärtner usw.?"),

• Was solltest du mitbringen? (= welches sind die persönlichen Neigungen und Interessen, die du haben solltest, um für die jeweilige Ausbildung geeignet zu sein?)

• Besonderheiten (z.B.: Hat der Beruf Fachrichtungen als Spezialisierungsmöglichkeit (z.B. beim Gärtner)? Ist die Ausbildung Teil einer gestuften Ausbildung, d.h. kannst du auf Grundlage der ersten Stufe einen höheren berufsqualifizierenden Abschluss erwerben? – Beispiel: Nach zwei Jahren Verkäufer, nach zusätzlichem drittem Jahr: Kaufmann im Einzelhandel; Hinweise, wo Videos zum Beruf im Internet zu finden sind).

Erster Schritt:
Wer bin ich? Tätigkeiten, Eigenschaften, Arbeitsorte, Arbeitsmittel

WICHTIG – noch einmal zur Erinnerung vorweg:

Kreuze in den nun folgenden Listen ...

... nur die Fähigkeiten an, die du schon einmal selbst praktisch angewandt bzw. ausgeführt hast,
... nur die Eigenschaften an, die du selbst bei dir schon einmal während einer praktischen Tätigkeit festgestellt hast,
... nur die Arbeitsorte und -mittel an, die du schon einmal live kennen gelernt und dabei gedacht hast: „Das ist mein Ding – das ist etwas für mich!"

Denn wie gesagt:

Es geht hier nicht darum, was du dir interessant oder angenehm vorstellst (ohne zu wissen, ob das praktisch gesehen auch so ist)!

Kategorie: Körperliche/ geistige Fähigkeiten – konkrete Tätigkeiten

O   etwas auf dem Flohmarkt verkaufen **(Verk, Komm_Berat)**,

O im Garten arbeiten: z.B. Blumen einpflanzen; Erde umgraben; Obst/ Gemüse ernten; Laub harken oder Anderes **(Grü)**,

O im Restaurant als Aushilfskellner jobben **(Gastro)**,

O Säfte, Eis oder Snacks auf einem Fest/ event verkaufen **(Verk, Komm_Berat)**,

O einen Fahrradschlauch flicken **(Mech_Zweirad)**,

O Interesse spüren, wenn jemand einen technischen Zusammenhang erklärt – etwa die Funktionsweise eines elektrischen Geräts **(Gewerbl.-techn. Dienstleistung, Elektro, Kfz, Mech, Chem, Automat, Mech_Zweirad, Metall, Plan, Druck)**,

O im Garten Hecken schneiden **(Grü)**,

O den Mantel eines Fahrradreifens wechseln **(Mech_Zweirad)**,

O mithelfen, einen Gartenteich anzulegen **(Grü)**,

O einen Blumenstrauß pflücken und dabei Spaß an der farblichen Zusammenstellung haben **(Flor)**,

O Freunden die Haare frisieren/ stylen/ färben **(Fris)**,

O etwas dekorieren (z.B. einen Tisch schmücken) oder eine Speise (z.B. Plätzchen, Brötchen, Sandwich, Torte) garnieren, das meint appetitlich verzieren, etwa mit Salatblatt, Erdbeeren, Haselnüssen, Tomatenscheiben usw. **(Leb & Verk** → insbesondere Bäcker, Fleischer, Konditor, Fachverkäufer im Lebensmittelhandwerk,

Speiseeishersteller, Verkäufer; **Schneid**; **Bau** → Stuckateur; **Raum)**

O ein Essen für Freunde kochen (kein Fertigmenü, komplizierter als Nudeln mit Tomatensoße; z.B. mit selbst hergestelltem Nachtisch) **(Gastro, Leb)**,

O ein elektrisches Gerät reparieren (Radio, Fernseher) bzw. einem Verwandten/ Freund dabei helfen **(Gewerbl.-techn. Dienstleistung, Elektro, Kfz, Mech, Chem, Automat, Mech_Zweirad, Metall, Plan)**,

O Dingen eine Struktur/ Ordnung geben: z.B. bei schulischen Hausarbeiten: Textinformation in Tabellenform bringen; Hobbys, bei denen Gegenstände systematisiert werden (zum Beispiel Foto- oder Briefmarkenalben pflegen, Modellbau); gutes Gefühl nach dem Aufräumen des eigenen Zimmers **(LaLo, Geb)**,

O Ein technisches Problem (z.B. elektrisches Gerät mit Reparaturbedarf, Interesse am Zusammenspiel der Einzelteile eines technischen Geräts) sehe ich als interessante Herausforderung **(Gewerbl.-techn. Dienstleistung, Elektro, Kfz, Mech, Chem, Automat, Mech_Zweirad, Metall, Plan, Druck)**

O etwas backen **(Leb)**

O Ein Ordnungssystem für Medien im weitesten Sinne entwerfen oder nutzen (z.B. für CDs, PC-/ Konsolenspiele, Bücher, Dokumente privater Art – Fotos etc.); ein Verzeichnis erstellen (z.B. über Anschaffungen); Listen oder Dateien führen; ein Formular ausfüllen **(LaLo)**.

O sich zwanglos unterhalten (z.B. auf einer Party small talk betreiben, Leute kennen lernen) **(Verk, Komm_Berat, Bad, Gastro)**

O einem Geschwister oder Freund/ Freundin Nachhilfe in Mathematik geben **(Elektro, Bau)**,

O Kosten für eine Unternehmung/ ein Vorhaben kalkulieren **(Geb, Verk, Elektro, Grü)**

O das eigene Zimmer streichen **(Mal)**

O generell: das eigene Fahrrad oder Mofa reparieren **(Mech_Zweirad)**,

O Ich stehe gern früh auf oder habe zumindest keine Probleme damit! **(Bau, Leb** → Bäcker, Fleischer, Hauswirtschafter, Koch, Konditor; **Grü** → Landwirt; **Geb)**

O ein elektrisches Gerät anschließen oder einbauen **(Elektro)**

O etwas aus Holz zimmern (z.B. ein Büchergestell oder ein Gewürzregal, Modellbau etc.) **(Holz, Bau)**

O Maschinen oder Werkzeuge mit Motor bedienen **(Mech, Kfz, Holz, Bau, Druck)**

O etwas aus Metall herstellen (z.B. im Kunstunterricht oder auch als Hobby etc.) **(Metall, Mech)**

O etwas skizzieren oder nach einer Skizze/ einem Plan ausführen (z.B. Modellbau, Aufbau eines Möbelstücks o.Ä.) **(Plan, Möbel)**

O etwas malen bzw. allgemein: gestalterischer Umgang mit Farben **(Mal)**

O bei einem Umzug helfen **(Möbel)**

O im heimischen Hobbykeller oder während eines Praktikums eine Drehbank oder ein Schleif-, Bohr-, Schweißgerät bedienen **(Mech)**

O Öl- oder Reifenwechsel bei einem Auto **(Kfz)**

O eine Wohnung renovieren **(Mal, Raum, Bau →** Ausbaufacharbeiter)

O Kleinere Reparaturen an einem Auto durchführen oder dabei helfen oder Interesse spüren, wenn einem jemand solche Wartungs-/ Reparaturarbeiten erläutert **(Kfz)**

O Möbel nach Anleitung zusammenbauen **(Möbel)**

O ich arbeite besonders präzise, sorgfältig und kann mich an genaue Vorschriften halten **(Plan, Mech, E-lektro, Bau, Glas, Holz, Schneid, Mech_Zweirad)**

O einem Geschwister oder Freund/ Freundin Nachhilfe in einem naturwissenschaftlichen Fach geben **(Bau, Chem, Gewerbl.-techn. Dienstleistung, Elektro)**

O im Urlaub in einem Schnellrestaurant jobben (z.B. McDonalds, Burger King, Kentucky Fried Chicken etc.) **(Gastro)**,

O etwas grafisch gestalten **(Mal, Schneid, Raum)**

21

O Poster, Plakate oder Kleider entwerfen **(Schneid)**

O Daten in eine Computersoftware wie Word oder Excel eingeben **(Mech, Metall, Plan, Gewerbl.-techn. Dienstleistung, Druck)**

O ein Hardwareteil (zum Beispiel eine Festplatte, ein Laufwerk für CD-ROMs, einen Kühler) in einen Computer einbauen **(Elektro)**

O Jemandem zu einem Thema, das dir „liegt", Tipps oder Empfehlungen geben; jemanden beraten **(Liefer, Verk, Komm_Berat, Gastro, Fris, Flor, Grü, Kfz, Schädl, Schneid, SchuSi)**

Kategorie: Körperliche/ geistige Fähigkeiten – allgemeine Ebene und Eigenschaften

O ein Problem/ eine Aufgabe analysieren: das bedeutet, Freude daran haben etwas (z.B. ein technisches System wie ein Fahrrad oder ein Auto) gedanklich in seine Teile zu zerlegen bzw. daran, die Zusammenhänge und das Zusammenspiel dieser Teile zu erkennen **(Elektro, Kfz, Mech, Plan, Automat, SchuSi, Mech_Zweirad)**,

O mit Zahlen umgehen/ rechnen/ kalkulieren **(Verk, Grü, Elektro, Geb, LaLo)**,

O sich etwas räumlich vorstellen **(Mech, Plan, Metall)**

O Ich bin schwindelfrei! **(Glas; Mal** → Maler und Lackierer; **Geb** → Fassadenreinigung! **Bau** → insbesondere Dachdecker, Stuckateur, Zimmerer, Beton- und Stahlbetonbauer, Maurer; **Grü** → Forstwirt)

O ob nun im Hinblick auf eine Speise, einen Tisch (bestehend aus einzelnen Holz-Werkstücken) oder ein Fahrrad: Teile kombinieren, Teile zu etwas Neuem/ Anderem/ Größeren zusammenfügen **(Elektro, Kfz, Mech, Plan, Mech_Zweirad, Metall)**,

O organisieren/ strukturieren/ sortieren **(LaLo, Plan, Mech, Liefer, Komm_Berat)**,

O am Ende des Tages/ der Woche ein „anfassbares" Produkt hergestellt haben – statt abstrakte Dienstleistungen ohne **sichtbares** Resultat zu erbringen **(Mech, Mech_Zweirad, Metall, Bau, Holz, Grü, Leb, Automat, Glas)**,

O Ob nun im Kunstunterricht, im Verein oder privat: Man hat mir schon oft gesagt, dass ich über so genanntes motorisches Geschick verfüge – also dass ich geschickte Hände habe **(Bau, Mech, Leb, Mal, Glas, Elektro, Grü, Holz, Fris, Flor, Gastro, LaLo, Metall, Plan, Schneid)**

O Ich muss mich körperlich betätigen, mein „Sitzfleisch" ist nicht so ausgeprägt. Die Arbeit kann gern auch anstrengender sein, wenn ich dafür nur nicht stundenlang in einem Büro am Bildschirm sitzen muss **(Metall, Bau, Holz, Grü, Leb, Geb, Automat, Glas, Gewerbl.-techn. Dienstleistung, Mech, Mech_Zweirad)**

O ordnen, reinigen, für Sauberkeit/ Hygiene sorgen, überwachen **(Geb, Schädl, Tier, SchuSi, Gewerbl.-techn. Dienstleistung, Bad)**

O Bevor ich etwas tue, überlege ich gern: Wie fange ich es an? Was brauche ich dafür? Bei der Umsetzung kann es dann gern Schritt für Schritt gehen – der Reihe nach **(Plan, Mech, Leb** → Bäcker, Koch, Konditor, Fleischer, Hauswirtschafter, Speiseeishersteller; **Grü, Geb)**

Kategorie: Gegenstände/ Materialien/ Arbeitsmittel, mit denen ich gern umgehe

O künstliches Material (Gummi, Kunststoff o.Ä.) **(Mech** → Verfahrensmechaniker für Kunststoff und Kautschuktechnik & Verpackungsmittelmechaniker; **Kfz**; tw. **Druck),**

O elektrische Geräte (z.B. Bohr-/ Schleifmaschine, Flex) **(Metall, Holz, Bau, Elektro, Mech)**

O elektronische Bauteile (z.B. Kabel, Schalter, Anschlüsse, Platinen) **(Elektro),**

O Glas **(Glas)**

O Holz **(Holz),**

O Lebensmittel **(Leb),**

O Maschinen **(Mech, Bau, Druck, Holz, Glas)**

O Metall **(Metall, Mech),**

O Papier/ Pappe **(Druck)**

O Stein, Zement **(Bau)**

O Stoffe/ Textilien **(Schneid, Druck)**,

O Werkzeuge **(Kfz, Elektro, Grü, Schneid, Bau, Holz, Metall, Mech_Zweirad, Mech)**

Kategorie: Orte, an denen ich gern arbeite

O Werkstatt/ Fertigungshalle **(Kfz, Holz, Mech, Mech_Zweirad, Glas, Elektro, Druck)**

O im Freien/ an der frischen Luft **(Bau, Grü, Bad)**

O Ort mit viel Publikumsverkehr **(Verk, Gastro, Fris, Flor, Komm_Berat, SchuSi, Bad)**

O Arbeit, die häufiges Fahren in Lieferfahrzeugen erfordert **(Liefer, Elektro, Glas, Bau, Holz, Mal)**

Auswertung/ Mein Ergebnis (Teil 1)

Diese Kürzcl (z.B. Grü, Mech, Metall, Leb, ... usw.) standen bei Fähigkeiten/ Eigenschaften/ Arbeitsmitteln/ Arbeitsorten, die ich angekreuzt habe, in Klammern dahinter:

_____ und _____ und
_____
_____
_____
_____

Auswertung/ Mein Ergebnis (Teil 2)

Achte jetzt bitte einmal besonders auf **Mehrfachergebnisse:**

Beispiel:

Vielleicht hast du beim Ankreuzen dreimal „Komm_Berat" herausbekommen (neben anderen, nur ein- oder zweimal angekreuzten Kürzeln).
Das ist dann ein besonders deutlicher Hinweis darauf, dass eine Ausbildung mit hohem Beratungs- bzw. Kommunikationsanteil das Richtige für dich sein kann. In diesem Falle solltest du die *einzelnen* Ausbildungsberufe, die im jetzt folgenden zweiten Schritt unter „Komm_Berat" gelistet sind, besonders genau studieren (ebenso natürlich wie die entsprechenden Kurzinformationen im 3. Schritt)!

Je mehr gleiche Kürzel (wie „Grü", „Leb", „Mech", „Plan", ...) du in deinen angekreuzten Ergebnissen findest, desto besser also!

Los geht`s:

Diese Kürzel (z.B. Grü, Mech, Metall, Leb, ... usw.) habe ich nur einmal als Ergebnis erhalten:

_____

_____

_____

Diese Kürzel (z.B. Grü, Mech, Metall, Leb, … usw.) habe ich zweimal (doppelt) als Ergebnis erhalten:

_____

_____

_____

Diese Kürzel (z.B. Grü, Mech, Metall, Leb, … usw.) habe ich dreimal oder noch öfters als Ergebnis erhalten:

_____

_____

_____

MERKE DIR DIESE MEHRFACHERGEBNISSE BESONDERS VOR – GERADE SIE LIEFERN DIR EIN GUTES BILD DAVON, WELCHE AUSBILDUNGEN DEINEN NEIGUNGEN, INTERESSEN UND FÄHIGKEITEN ENTSPRECHEN!
Im Folgenden 2. Schritt siehst du, welche einzelnen, konkreten Ausbildungen zu deinen (Mehrfach-)Kürzeln passen!

Zweiter Schritt:
Welche Ausbildungen passen zu mir?

Schaue dir nun, im zweiten Schritt, an, welche Ausbildungen deinen in Schritt 1 erarbeiteten Kürzeln entsprechen.

Notiere sie am Ende dieses zweiten Abschnittes – du findest dort ein entsprechendes Feld zum Eintragen.

Im dritten Abschnitt erhältst du Informationen zu deinen ausgewählten Ausbildungen.

Zuordnung von Kürzeln zu Ausbildungen:

Automat

Automatenfachmann

Bad

Fachangestellter für Bäderbetriebe

Bau

Ausbaufacharbeiter, Baugeräteführer, Beton- und Stahlbetonbauer, Dachdecker, Fliesen-, Platten- und Mosaikleger, Gerüstbauer, Hochbaufacharbeiter, Kanalbauer, Maurer, Straßenbauer, Stuckateur, Tiefbaufacharbeiter, Zimmerer

Chem

Produktionsfachkraft Chemie

Druck

Drucker

Elektro

Elektroanlagenmonteur, Elektroniker, Informationselektroniker, Tankwart (im Hinblick auf kleinere Reparaturen an Kraftfahrzeugen)

Fris

Friseur

Flor

Florist

Gastro

Fachkraft im Gastgewerbe, Fachmann für Systemgastronomie, Restaurantfachmann

Geb

Gebäudereiniger

Gewerbl.-techn. Dienstleistung

Fachkraft für Abwassertechnik; Fachkraft für Kreislauf- und Abfallwirtschaft; Fachkraft für Rohr-, Kanal- und Industrieservice; Tankwart

Glas

Glaser

Grü

Forstwirt, Gärtner, Landwirt

Holz

Forstwirt, Holzbearbeitungsmechaniker, Tischler, Zimmerer

Komm_Berat

Bäcker; Bestattungsfachkraft; Fachkraft für Kurier-, Express- und Postdienstleistungen; Fachkraft im Gastgewerbe; Fachmann für Systemgastronomie; Fachverkäufer im Lebensmittelhandwerk; Fleischer; Gärtner; Hauswirtschafter; Kaufmann im Einzelhandel; Konditor; Raumausstatter; Restaurantfachmann; Schädlingsbekämpfer; Servicefahrer; Speiseeishersteller; Tankwart; Verkäufer

Kfz

Karosserie- und Fahrzeugbaumechaniker; Kraftfahrzeugmechatroniker; Tankwart (im Hinblick auf kleinere Reparaturen am Auto)

LaLo

Fachkraft für Lagerlogistik; Fachlagerist

Leb

Bäcker; Fachkraft im Gastgewerbe; Fachmann für System-gastronomie; Fachverkäufer im Lebensmittelhandwerk; Fleischer; Hauswirtschafter; Koch; Konditor; Restaurant-fachmann; Speiseeishersteller

Liefer

Berufskraftfahrer; Fachkraft für Kurier-, Express- und Postdienstleistungen; Servicefahrer

Mal

Bauten- und Objektbeschichter; Fahrzeuglackierer; Maler und Lackierer

Mech

Anlagenmechaniker; Anlagenmechaniker für Sanitär-, Hei-zungs- und Klimatechnik; Feinwerkmechaniker; Ferti-gungsmechaniker; Holzbearbeitungsmechaniker; Indust-riemechaniker; Konstruktionsmechaniker; Mechatroniker für Kältetechnik; Teilezurichter; Verfahrensmechaniker für Kunststoff und Kautschuktechnik; Verpackungsmittelme-chaniker; Werkzeugmechaniker; Zerspanungsmechaniker

Mech_Zweirad

Fahrradmonteur; Kraftfahrzeugmechatroniker – Fachrich-tung Motorradtechnik; Zweiradmechaniker

Metall

Anlagenmechaniker; Anlagenmechaniker für Sanitär-, Heizungs- und Klimatechnik; Feinwerkmechaniker; Industriemechaniker; Konstruktionsmechaniker; Metallbauer; Teilezurichter; Werkzeugmechaniker; Zerspanungsmechaniker

Möbel

Fachkraft für Möbel-, Küchen- und Umzugsservice

Plan

Anlagenmechaniker; Anlagenmechaniker für Sanitär-, Heizungs- und Klimatechnik; Bäcker; Elektroanlagenmonteur; Elektroniker; Feinwerkmechaniker; Fertigungsmechaniker; Fliesen-, Platten- und Mosaikleger; Gerüstbauer; Holzbearbeitungsmechaniker; Industriemechaniker; Kanalbauer; Karosserie- und Fahrzeugbaumechaniker; Koch; Konditor; Konstruktionsmechaniker; Maurer; Mechatroniker für Kältetechnik; Metallbauer; Modeschneider; Stuckateur; Teilezurichter; Verfahrensmechaniker für Kunststoff und Kautschuktechnik; Verpackungsmittelmechaniker; Werkzeugmechaniker; Zerspanungsmechaniker; Zimmerer

Raum

Raumausstatter

Schädl

Schädlingsbekämpfer

Schneid

Änderungsschneider; Modeschneider

SchuSi

Fachkraft für Schutz und Sicherheit

Tier

Tierpfleger

Verk

Bäcker; Fachkraft im Gastgewerbe; Fachmann für System-gastronomie; Fachverkäufer im Lebensmittelhandwerk; Fleischer; Kaufmann im Einzelhandel; Konditor; Restaurantfachmann; Speiseeishersteller; Tankwart; Verkäufer

---

Auswertung/ Mein Ergebnis

Markiere oder notiere dir die Ausbildungen, die für deine Kürzel (zum Beispiel Mech, Elektro, Grün usw.) das Ergebnis sind.

Meine Ausbildungen:

_____

_____

_____

_____

_____

Im jetzt folgenden dritten Abschnitt erfährst du, welche typischen Tätigkeiten dich in diesen Berufen erwarten und welche Neigungen und Interessen du jeweils mitbringen solltest.

Dritter Schritt:
Kurzinformationen zu den einzeln Ausbildungen (alphabetisch geordnet)

Änderungsschneider

Typische Tätigkeiten:

Wenn der Reißverschluss der Jacke hoffnungslos verkantet ist und nicht mehr schließt, wenn Kleidung zu klein oder zu groß geworden ist, wenn sie geändert oder repariert werden soll, kommt ihr Einsatz: Änderungsschneider sind die Spezialisten für solche Arbeiten an Textilien. Dabei sind sie nicht „nur" auf Bekleidung ausgerichtet, sie ändern auch Gardinen und Vorhänge ab.

Was solltest du mitbringen?

Interesse an Mode(n), an der Arbeit mit Textilien (Stoffen, Kleidungsstücken), Spaß an handwerklich-praktischer Tätigkeit und am Umgang mit Kunden.

Besonderheiten:

Mehr als die Hälfte der Ausbildungsanfänger in diesem Beruf verfügte im Jahr 2006 über einen Hauptschulabschluss – ein echter Beruf für Hauptschüler also!

Anlagenmechaniker

Typische Tätigkeiten:

Anlagenmechaniker machen keine halben Sachen: Sie fertigen und montieren komplette Industriemaschinen und

Anlagen – zum Beispiel Getränkeabfüllanlagen, Rohrleitungssysteme für eine Raffinerie oder Sudbehälter für eine Brauerei. Die Einzelteile für diese Anlage stellen sie zuvor selbst her – zum Beispiel Rohre oder Bleche. Dies tun sie teils von Hand (etwa im Falle von Schweißarbeiten), teils per Maschine. Auch technische Bestandteile wie Armaturen für das Messen und Steuern bauen sie in „ihre" Anlage ein – die sie später dann auch beim Kunden montieren.

Was solltest du mitbringen?

Neigung zu sorgfältiger, prüfender Arbeit, zu handwerklich-praktischer Tätigkeit sowie zum Umgang mit dem Werkstoff Metall.

Video zum Beruf:

Möchtest du dir diesen Beruf ein wenig besser „live" vorstellen können? Hier findest du ein Video: www.meinfomobil.de/portal_frs.htm → (oben links) Link „Berufe" → Link „Metallberufe" → Link „Anlagenmechaniker" → Das Video startet durch Anklicken des Bewegtbildstreifens unter dem Foto, der sich links neben dem Text befindet.

Anlagenmechaniker für Sanitär-, Heizungs- und Klimatechnik

Typische Tätigkeiten:

Badewannen, Duschkabinen, Klimaanlagen und Heizkörper haben eines gemeinsam: Sie alle versorgen Gebäude (und damit: Menschen) mit etwas. Mit angenehm kühlender Luft, Wasser oder Wärme. Man spricht daher auch von Versorgungstechnik. Die Fachleute für die Installation –

also den Einbau – und natürlich die Wartung (das meint Reparaturen und Pflege) solcher Komfortgeräte des Alltags sind Anlagenmechaniker für Sanitär-, Heizungs- und Klimatechnik. Und weil natürlich kein Kunde die Angebotsvielfalt solcher technischen Systeme überblickt, beraten sie auch. Sanitär-, Heizungs- und Klimatechnik wird überall benötigt: Daher sind diese Fachleute in Privatwohnungen ebenso im Einsatz wie in Bürogebäuden und auf Baustellen.

<u>Was solltest du mitbringen?</u>

Neben handwerklichem Geschick und technischem Interesse auch eine Neigung zu teilweise körperlich-zupackender Art. Außerdem Freude am Umgang mit Kunden.

<u>Besonderheiten:</u>

Diese Ausbildung dauert dreieinhalb Jahre und hat unter anderem den vielen noch bekannten Vorgängerberuf „Gas- und Wasserinstallateur" abgelöst.

Ausbaufacharbeiter

Ausbaufacharbeiter sind die Generalisten des Innenausbaus – eine Spezialisierung auf ein Schwerpunktgebiet erfolgt jedoch bereits im 2. Jahr dieser gestuften Ausbildung des Bauwesens. Als Ausbaufacharbeiter spezialisierst du dich auf einen der Bereiche:

- Zimmererarbeiten,
- Estricharbeiten,
- Stuckateurarbeiten (siehe dazu auch: „Stuckateur"),
- Fliesen-, Platten- und Mosaikarbeiten,

- Wärme-, Kälte- und Schallschutzarbeiten,
- Trockenbauarbeiten.

Mindestens zwei Begriffe sollten hier jetzt ein wenig erläutert werden:

„Trockenbau":

Im Trockenbau montieren Ausbaufacharbeiter Decken-, Fassaden und Wandverkleidungen. Ein Beispiel, das du vielleicht kennst, sind die häufig verbauten Gipskarton-Leichtbauwände, die nachträglich in eine Wohnung eingezogen werden, um neue Räume abzutrennen. Diese müssen ja sehr leicht sein, um die Statik des gesamten Hauses mit seinen bereits vorhandenen, tragenden Wänden nicht zu gefährden.

„Estrich":

Estriche sind Untergründe für Fußbodenbeläge: Denn das, worauf wir täglich laufen und meist allgemein als „Fußboden" bezeichnen, hat mehrere Schichten: Unter dem Bodenbelag als oberster (und einzig sichtbarer) Schicht kommt die Estrichschicht, dann Trenn- und Dämmschichten und erst jetzt der eigentliche, tragende Boden als unterste Schicht. Die Estrichschicht kann aus fugenlosen Mischungen – etwa auf Zementbasis – bestehen, aber auch als Platten verlegt werden.

<u>Was solltest du mitbringen?</u>

Interesse an praktischer, handwerklicher Arbeit und am Umgang mit Baustoffen, Geräten und Maschinen.

Besonderheiten:

Der berufsqualifizierende Abschluss „Ausbaufacharbeiter" ist nach zwei Jahren möglich. Da er Teil der gestuften Ausbildung der Bauberufe ist, kannst du nach einem zusätzlichen dritten Jahr den Abschluss als Estrichleger; Fliesen-, Platten und Mosaikleger; Trockenbaumonteur; Wärme-, Kälte- und Schallschutzisolierer; Stuckateur oder Zimmerer erwerben.

Automatenfachmann

Typische Tätigkeiten:

Sie haben eine treue Fanschar und sind eine Stütze der Arbeitsmoral für tausende Angestellte: Automaten, die Leckereien wie Schokoladenriegel, Heiß- und Kaltgetränke, Knabberware, teils auch Sandwiches mit schmackhafter Remoulade enthalten. Doch was tun, wenn die Münze klemmt, im Hochsommer die Cola „aus" (der entsprechende Schacht leer) ist oder der Automat wie ein Weihnachtsbaum blinkt – aber ansonsten gar nichts mehr tut?

Für Störfälle aller Art sind neuerdings Fachleute zuständig – Automatenfachfrauen bzw. -männer heißen sie. Und diese Experten füllen beileibe nicht nur Naschwerk nach: Sie sind natürlich auch für die technische Wartung der komplexen Apparate verantwortlich. Das können neben Lebensmittel- auch Spiel-, Geld- oder Fahrkartenautomaten sein.

Darüber hinaus beraten Automatenfachleute ihre Kunden, verkaufen Automaten und beschaffen Aufstellplätze.

Was solltest du mitbringen?

Du solltest für diesen Beruf neben Kommunikationsfähigkeit ein technisches Grundverständnis und -interesse mitbringen.

Besonderheiten:

→ Diese Ausbildung ist eine gestufte Ausbildung: Den ersten berufsqualifizierenden Abschluss „Fachkraft für Automatenservice" kannst du bereits nach zwei Jahren erwerben – oder ein drittes Jahr zum/ zur „Automatenfachmann/-frau" hinzufügen.

Da es diesen Beruf erst seit dem 01. August 2008 gibt, liegen übrigens noch keine Zahlen zum Hauptschüleranteil unter den Ausbildungsanfängern vor. Es ist aber erwartbar, dass Hauptschüler hier ausgezeichnete Einstiegschancen haben!

Bäcker

Typische Tätigkeiten:

Findest du nicht, dass einen der Duft von frisch Gebackenem manchmal wie ein Tagtraum in ganz andere Welten entführt? Mir geht es jedenfalls so. Wenn du es dir reizvoll vorstellst, nach genauem Rezept Kuchen wie zum Beispiel Bienenstich herzustellen, Brötchen-Rohlinge mit Sesam oder Mohn zu bestreuen oder Käselaugenstangen durch Streukäse zu rollen, dann könnte die Ausbildung zum/ zur Bäcker/in das Richtige für dich sein. Egal, ob es um Kuchen oder Croissants geht: Eine sorgfältige Arbeitsweise (Einhalten von Rezepten beim Zusammenstellen der Zutaten!) ist dabei immer wichtig. Bäcker stellen auch Snacks wie belegte Brötchen her, beraten Kunden zu allen ihren Produkten, richten diese appetitlich her und verkaufen sie.

Was solltest du mitbringen?

Interesse an handwerklicher Arbeit mit Lebensmitteln, Freude am Umgang mit Kunden und an der Arbeit mit viel Publikumsverkehr und nicht zuletzt die Bereitschaft, früh aufzustehen.

Besonderheiten:

Wenn du dich mehr für den Verkauf als für die Herstellung von Backwaren interessierst, dann ist die – ebenfalls in diesem Teil des Buches vorgestellte – Ausbildung zum/ zur Fachverkäufer/in im Lebensmittelhandwerk – Schwerpunkt Bäckerei vielleicht etwas für dich (siehe unter Buchstabe „F")!

Baugeräteführer

Typische Tätigkeiten:

Kräne, Bagger und Planierraupen sind aus dem modernen Hoch-, Tief- und Straßenbau nicht wegzudenken. Baugeräteführer sind die Spezialisten, die diese großen Fahrzeuge zunächst zur Baustelle transportieren und dann natürlich bedienen. Mit ihnen führen sie alle typischen Tätigkeiten aus, die man vom Anblick von Baustellen kennt, auf denen solche Fahrzeuge zum Einsatz kommen: etwa Erde bewegen oder planieren, Bauteile transportieren (z.B. Kanalrohre, Baustahl), Baustoffe verarbeiten (Betonmischgerät).

Was solltest du mitbringen?

Interesse an handwerklich-praktischer Arbeit sowie an Technik.

Bauten- und Objektbeschichter

Typische Tätigkeiten:

Maler-, Tapezier- und Lackierarbeiten, Fassadenmalerei oder -beschriftung, Bodenbelagsarbeiten oder Betoninstandsetzung zum Bautenschutz, zur Kellersanierung und zum Korrosionsschutz: Bauten- und Objektbeschichter bieten eine breite Palette von Dienstleistungen rund um die Beschichtung von Objekten an. Und natürlich kann der Arbeitsort überall dort sein, wo es eben etwas anzustreichen oder zu lackieren gibt: Das können Privathaushalte ebenso wie Bürogebäude oder Baustellen sein.

Was solltest du mitbringen?

Ein Auge und ein Händchen für Gestaltung und Freude an häufigen Einsätzen bei Kunden – sowie die dafür nötigen guten Umgangsformen.

Besonderheiten:

Diese Ausbildung zum Bauten- und Objektbeschichter dauert zwei Jahre. Es ist möglich, ein drittes Ausbildungsjahr zum/ zur Maler/in und Lackierer/in anzuhängen, in welchem du dich auf eine der drei Fachrichtungen des Berufs Maler und Lackierer spezialisierst:

• Maler und Lackierer/in und Lackiererin Fachrichtung Bauten- und Korrosionsschutz

- Maler und Lackierer/in und Lackiererin Fachrichtung Gestaltung und Instandhaltung
- Maler und Lackierer/in und Lackiererin Fachrichtung Kirchenmalerei und Denkmalpflege

Hinweis:

Nähere Informationen zu den genauen Inhalten dieser drei Fachrichtungen erhältst du über die kostenlos zugängliche berufskundliche Datenbank Berufenet: Einfach auf der Startseite http://berufenet.arbeitsagentur.de/berufe/index.jsp „Maler und Lackierer" eingeben und dann die gewünschte Fachrichtung anklicken!

Berufskraftfahrer

Typische Tätigkeiten:

Berufskraftfahrer arbeiten vor allem in zwei Bereichen: der Personenbeförderung und dem Gütertransport. In der Personenbeförderung sind sie beispielsweise als Fahrer von Linienbussen oder Reisebussen tätig. Im Güterverkehr sind sie die Fernfahrer, die Waren über weite Strecken – typisch etwa über Autobahnen – transportieren. Regelmäßig kontrollieren sie den Zustand ihrer Fahrzeuge – zum Beispiel im Hinblick darauf, ob die Bremsen einwandfrei funktionieren. Sie nehmen das Transportgut bzw. bei Reisebussen das Gepäck der Fahrgäste an und kontrollieren Lieferpapiere, wo nötig.

Was solltest du mitbringen?

Eine Neigung für eine Tätigkeit, bei der du viel unterwegs bist (etwa im Gegensatz zu Büro- oder Lagerberufen).

Freude an Planung und Organisation (für das Planen von Routen).

Bestattungsfachkraft

Typische Tätigkeiten:

Über den Tod sprechen die meisten Menschen nicht gern. Bestattungsfachkräfte beschäftigen sich also täglich mit einem Thema, das viele gern verdrängen: dem Sterben. Viel Einfühlungsvermögen gehört zu diesem Beruf, da diese Fachkräfte auch dafür zuständig sind, Angehörigen das Abschiednehmen leichter zu machen und sie in schweren Stunden zu begleiten. Sie koordinieren den Bestattungsauftrag: Sie überführen beispielsweise den Verstorbenen an den Bestattungsort, versorgen ihn hygienisch und kosmetisch. Zudem richten sie den Sarg oder die Urne her, legen das Grab auf dem Friedhof an und gestalten die Trauerfeierlichkeiten. Bestattungsfachkräfte beraten aber auch über Bestattungsvorsorgeverträge und schließen diese mit den Kunden ab.

Was solltest du mitbringen?

Einfühlungsvermögen im Kundenumgang sowie eine Neigung zu organisierender, verwaltender Tätigkeit.

Besonderheiten:

Einige persönliche Eigenschaften sind für diesen Beruf besonders wichtig: seelische Stabilität, Diskretion und Einfühlsamkeit.

Beton- und Stahlbetonbauer

Typische Tätigkeiten:

Vielleicht kennst du diesen typischen Anblick von größeren, flächigen Baustellen: Facharbeiter, die mitten in einer Fläche stehen, aus der überall – einem Gebüsch vergleichbar – Stahldrähte herausragen. Und die Betonpumpen dirigieren, die flüssigen Beton in die vorbereitete Stahlkonstruktion gießen. Die Profis, die all dies tun, heißen Beton- und Stahlbetonbauer. Stahlbewehrungen wie die oben Beschriebenen geben dem Beton später Halt, sie verhindern Brüche im fertigen Fundament oder der Betonwand. Oft gießen Beton- und Stahlbetonbauer Beton auch in Schalungen, wo er, zum Beispiel zwischen Holz, seiner künftigen Form entgegentrocknet.
Beton- und Stahlbetonbauer arbeiten jedoch nicht nur mit flüssigem Beton: Sie montieren auch Betonfertigteile. Außerdem isolieren und dämmen sie Bauwerke.

Was solltest du mitbringen?

Eine Neigung zu praktisch-handwerklicher Arbeit, die bei aller Maschinisierung noch immer auch körperlichen Einsatz erfordert, und zum Ungang mit technischen Geräten und Maschinen (z.B. Betonmischmaschinen, Verdichtungsgeräte).

Besonderheiten:

Den Abschluss „Beton- und Stahlbetonbauer" erreichst du nach drei Jahren. Er ist eine der Spezialisierungsmöglichkeiten, die du nach der zunächst zweijährigen Ausbildung zum „Hochbaufacharbeiter" hast. Beide Anschlüsse sind also Teil einer gestuften Ausbildung.

Dachdecker

Typische Tätigkeiten:

Sie stellen hölzerne Unterkonstruktionen her und decken Dächer – je nach Fachrichtung und Kundenauftrag – mit Schiefer, Ziegeln, Blech, Platten oder – vor allem in Norddeutschland – mit dem Naturwerkstoff Reet. Das ist aber noch nicht alles: Dachdecker montieren auch Dämmstoffe und installieren Dachanlagen wie Solarzellen, Dachrinnen oder Blitzableiter. Außerdem verkleiden sie, falls gewünscht, Fassaden – zum Beispiel mit Steinplatten.

Was solltest du mitbringen?

Eine Neigung zu praktisch-handwerklicher, teils auch körperlich anstrengender Tätigkeit. Außerdem Freude am Umgang mit technischen Geräten und Schwindelfreiheit.

Besonderheiten:

Diese Ausbildung ist in zwei Fachrichtungen möglich: „Dach-, Wand- und Abdichtungstechnik" sowie „Reetdachtechnik".

Drucker

Typische Tätigkeiten:

Grob skizziert ist die datentechnische Arbeit in Druckereien dreigeteilt: Mediengestalter gestalten Drucksachen wie Prospekte, Plakate, Zeitungen; Drucker sorgen für die Wiedergabe von Bildern und Texten – sind gewissermaßen also die eigentlichen, maschinellen Print-Produzenten;

Buchbinder schließlich kümmern sich um die Druckweiter-
verarbeitung.

Der Beruf des Druckers unterteilt sich – wie natürlich auch
die Ausbildung – in vier verschiedene Fachrichtungen (s.u.:
„Besonderheiten"). Bei aller Spezialisierung gibt es jedoch
auch Gemeinsamkeiten bei den Tätigkeiten, die *„den"* Drucker kennzeichnen: Vor dem Druck prüfen Drucker die so
genannten Druckformen – etwa Druckplatten, im Falle des
Flachdrucks. Diese Formen spannen sie in Druckmaschi-
nen ein. Dann richten sie die Maschinen ein: Dazu gehört
die Auswahl und das Einsetzen des richtigen Bedruckstof-
fes (zum Beispiel Papier, Folie, Textilien, Glas, Blech). Sie
stellen auch die Farbdosierung und das Drucktempo ein.
Während des Drucks prüfen Drucker dann laufend die
Qualität ihrer Erzeugnisse.

Was solltest du mitbringen?

Freude am Umgang mit Technik bzw. Maschinen, an
handwerklicher Arbeit und ein Auge für Formen und Farben.

Besonderheiten:

Diese Ausbildung ist in vier Fachrichtungen möglich: Digi-
taldruck, Flachdruck, Hochdruck und Tiefdruck. Nähere
Informationen zu den genauen Inhalten dieser drei Fachrichtungen erhältst du über die kostenlos zugängliche berufskundliche Datenbank Berufenet: Einfach auf der Startseite http://berufenet.arbeitsagentur.de/berufe/index.jsp
„Drucker" eingeben und dann die gewünschte Fachrichtung anklicken!

Elektroanlagenmonteur

<u>Typische Tätigkeiten:</u>

Ob Sprechfunk-, Notruf- oder Beleuchtungsanlagen, elektronische Haltestellentafeln oder die Oberleitungen der guten alten „Elektrischen", also der Straßenbahn: Für den Einbau bzw. die Reparatur/ Wartung solcher und ähnlicher elektrischen Anlagen sind Elektroanlagenmonteure die Spezialisten. Dazu suchen sie mögliche Fehlerquellen, studieren – für die Montage neuer Anlagen – Schaltpläne und Montageskizzen oder bauen – bei Reparaturen – verschlissene Bauteile aus und entsprechende neue Ersatzteile ein.

<u>Was solltest du mitbringen?</u>

Vor allem Interesse an Technik und Elektronik, außerdem an handwerklich-praktischer Arbeit. Gutes Wissen und entsprechende Leistungen in den Fächern Mathematik und Physik.

Elektroniker

<u>Typische Tätigkeiten:</u>

Ganz allgemein – und noch bevor es um Fachrichtungen oder sonstige Spezialisierungen geht – lassen sich die Kernaufgaben von Elektronikern so beschreiben: Sie installieren (= Einbau), warten, reparieren elektrische Anlagen – und beraten Kunden, weshalb auch Service bzw. Kundenorientierung eine Rolle spielen.
Um *welche* elektrischen Anlagen es bei diesen Fachleuten dann jeweils geht, hängt vor allem von der so genannten Fachrichtung ab, auf die du dich in deinem dritten Ausbildungsjahr spezialisierst.

Die statistisch besten Chancen haben HauptschülerInnen in den Fachrichtungen „Energie- und Gebäudetechnik" sowie „Maschinen und Antriebstechnik".

Elektroniker – Fachrichtung Energie- und Gebäudetechnik:

Elektroniker dieser Fachrichtung sind sozusagen „Hauselektroniker": Sie sind die Fachleute für die Energieversorgung und die Installation bzw. die Wartung von elektrischer Infrastruktur. Beispiel Büro: Hier sind sie für die Installation von Beleuchtungs-, Kommunikations- oder auch von Steuerungseinrichtungen für die Belüftung und Klimatisierung zuständig. Beispiel Privathaushalt: Hier könnte der Einbau von Sicherungen, Lichtschaltern oder Steckdosen zu ihrem Auftrag gehören (was natürlich genauso in Büros gefragt ist).

Elektroniker – Fachrichtung Maschinen und Antriebstechnik:

Von so genannten Schrittmotoren für Büroelektronik wie Scanner und Drucker, die oft nicht viel größer als eine Ein Euro-Münze sind, über Motoren für Haushaltsgeräte bis hin zu solchen für Kräne oder andere Baufahrzeuge: Elektroniker für Maschinen und Antriebstechnik sind auf Antriebssysteme unterschiedlichster Art spezialisiert. Diese bauen sie komplett zusammen, reparieren sie aber natürlich auch – und arbeiten dabei sorgfältig nach Plan.

Was solltest du mitbringen?

Eine Begabung für Technik und Physik sowie eine sorgfältige Arbeitsweise.

Video zum Beruf:

Hier findest du ein Video zur beschriebenen Fachrichtung „Maschinen und Antriebstechnik": www.me-infomobil.de/portal_frs.htm → (oben links) Link „Berufe" → Link „Elektroberufe" → Link „Elektroniker für Maschinen und Antriebstechnik" → Das Video startet durch Anklicken des Bewegtbildstreifens unter dem Foto links neben dem Text.

Fachangestellter für Bäderbetriebe

Typische Tätigkeiten:

Sie sind die umgangssprachlichen „Bademeister", mit all ihren typischen Aufgaben. Da ist zunächst die Überwachung des Badebetriebs: Die Fachangestellten schreiten ein, wenn ein Gast verbotenerweise vom Seitenrand ins Wasser springt oder jemand im tieferen Teil des Beckens unterzugehen droht. Auch Hygiene – und damit verbunden: der Umgang mit Technik – ist eine Kerntätigkeit: Fachangestellte für Bäderbetriebe analysieren täglich Wasserproben, prüfen Filter und Pumpanlagen, die beispielsweise der Wasseraufbereitung dienen. Wenn nötig, reparieren sie solche Anlagen auch.

Was solltest du mitbringen?

Freude am Umgang mit Kunden und der Arbeit an einem Ort mit viel Publikumsverkehr. Außerdem Interesse an Technik und eine gute körperliche Verfassung.

Fachkraft für Abwassertechnik

Typische Tätigkeiten:

Technische Anlagen für die mechanische, biologische und chemische Abwasserreinigung eigenverantwortlich steuern, überwachen und warten, Pumpen, Becken und Rohrleitungen warten und reparieren: Dies sind die Haupttätigkeiten von Fachkräften für Abwassertechnik. Dementsprechend arbeiten sie meist bei umwelttechnischen Betrieben wie Klär- und Wasserwerken. Sie führen auch chemische Qualitätsanalysen von Wasser und Klärschlamm durch.
Seit der Modernisierung dieses Berufes können die Fachkräfte zudem auch selbständig elektrotechnische Problemanalysen und Reparaturen durchführen.

Was solltest du mitbringen?

Interesse an technisch-naturwissenschaftlichen Fragestellungen und an praktischer, teils auch körperlicher Arbeit.

Fachkraft für Kreislauf- und Abfallwirtschaft

Typische Tätigkeiten:

Fachkräfte für Kreislauf- und Abfallwirtschaft sind die Spezialisten für die Sammlung, die Wiederverwertung und die schließlich die Entsorgung von Müll und Wertstoffen. Dementsprechend sind Ausbildung wie auch Tätigkeit in drei verschiedene Schwerpunkte unterteilt, in einem hiervon würdest du deine Ausbildung durchlaufen – je nach Spezialisierung deines Ausbildungsbetriebes:
• Schwerpunkt Logistik, Sammlung und Vertrieb:

Hier steht das Aufstellen und Abholen von Containern für Wertstoffe wie Altglas, Altpapier oder Altkleider im Mittelpunkt.

- Schwerpunkt Abfallverwertung und -behandlung:
Fachkräfte mit diesem Schwerpunkt erkennen Abfälle, die man wiederverwerten kann (Recycling). Sie steuern die Sortiermaschinen, mit denen solche Wertstoffe von Unbrauchbarem getrennt werden.

- Schwerpunkt Abfallbeseitigung und -behandlung:
Hier steht die fachgerechte Entsorgung von Müll auf Deponien, in Verbrennungsanlagen und in Kompostierwerken im Mittelpunkt.

Was solltest du mitbringen?

Interesse an prüfender und organisierender Tätigkeit sowie an Technik.

Besonderheiten:

Die Ausbildung findet in einem der unter „Typische Tätigkeiten" genannten Schwerpunkte statt.

Fachkraft für Kurier-, Express- und Postdienstleistungen

Typische Tätigkeiten:

Im Innendienst trifft man sie meist am Schalter von Postfilialen oder den Zweigstellen sonstiger Kurierdienste, im Außendienst häufig auf einem Fahrrad in Betriebsfarben: Fachkräfte für Kurier-, Express- und Postdienstleistungen sind vor allem als Kundenberater rund um Postdienstleistungen sowie als Zusteller von Brief- und Paketsendungen aller Art im Einsatz. Also umgangssprachlich als „Postboten" bzw. als Schalterangestellte, die zum Beispiel über Portotarife beraten, Postwertzeichen verkaufen oder Brief- und Paketsendungen entgegennehmen sowie versandfertig machen.

<u>Was solltest du mitbringen?</u>

Eine Neigung zu praktischer Arbeit und Freude am Umgang mit Kunden.

<u>Besonderheiten:</u>

Es handelt sich hier um eine so genannte gestufte Ausbildung: Das bedeutet, dass du nach dem ersten berufsqualifizierenden Abschluss „Fachkraft für K.-, E.- und Postdienstleistungen" die Ausbildung um ein Jahr fortsetzen und dann den Abschluss „Kauffrau/-mann für K.-, E.- und Postdienstleistungen" erwerben kannst.

Fachkraft für Lagerlogistik

Siehe → „Fachlagerist" → „Besonderheiten".

Fachkraft für Möbel-, Küchen- und Umzugsservice

<u>Typische Tätigkeiten:</u>

„Wohnst du schon oder schraubst du noch?" Diese lustige Abwandlung des Werbeslogans eines bekannten schwedischen Möbelherstellers muss niemand fluchend über der unverständlichen Bauanleitung eines Möbelstücks ausstoßen – wenn er diesen Job von Fachkräften für Möbel-, Küchen- und Umzugsservice übernehmen lässt.
Schwerpunktmäßig liefern diese Fachkräfte Möbel, Küchen und Umzugsgüter an Kunden aus. Diese bauen sie auch auf

oder ab und installieren falls nötig elektrische Geräte, Wasser- und Lüftungsanlagen. Natürlich wickeln sie auch den damit verbundenen Zahlungsverkehr ab.

<u>Was solltest du mitbringen?</u>

Lust am Zupacken und körperliche Robustheit, außerdem Spaß an handwerklicher und kundenorientierter Tätigkeit.

<u>Besonderheiten:</u>

Der noch immer recht junge Beruf bietet großartige Einstiegschancen für Hauptschüler: Im Jahr 2006 – also „vom Start weg", denn diese Ausbildung gibt es auch erst seit 2006 – verfügten beinahe 50 Prozent der Ausbildungsanfänger über einen Hauptschulabschluss!

Fachkraft für Rohr-, Kanal- und Industrieservice

<u>Typische Tätigkeiten:</u>

Je nach Schwerpunkt (siehe dazu unten: „Besonderheiten") kontrollieren diese Spezialisten zum Beispiel Rohre auf undichte Stellen und inspizieren die öffentliche Kanalisation. Falls nötig, führen sie entsprechend Reparaturen durch. Im zweiten Schwerpunkt „Industrieservice" säubern sie Industrieanlagen wie Tanks oder Pumpanlagen. Ganz allgemein kennen sich diese Spezialisten bestens mit der Entsorgung von Problemabfällen wie chemisch verunreinigten Flüssigkeiten oder Farb- und Lackresten aus. Es handelt es sich also um einen wichtigen umweltschutztechnischen Beruf!

Was solltest du mitbringen?

Interesse an technischen und analytischen Arbeiten handwerklicher Art.

Besonderheiten:

Diese Ausbildung ist in den Schwerpunkten „Industrieservice" bzw. „Rohr- und Kanalservice" möglich.

Fachkraft für Schutz und Sicherheit

Typische Tätigkeiten:

Ihre Haupteinsatzgebiete sind Personen- und Objektschutz sowie der Schutz von Werttransporten (z.B. Geldtransporten). Objektschutz kann bedeuten, das Hausrecht auf einem der Bahnhöfe der Deutschen Bahn durchzusetzen – zum Beispiel im Dienst der Bahn-Tochter „DB Sicherheit". Deren Angestellte in ihren blau-roten Uniformen sind den meisten Reisenden ein bekannter Anblick. Um bei diesem Beispiel zu bleiben: Fachkräfte für Schutz und Sicherheit sind bei Bahnunternehmen natürlich für weitere Dinge zuständig: Fahrkarten kontrollieren, Auskünfte geben, Fahrgästen helfen, für die Sicherheit im Bahnhofsbereich sorgen. Aber wie gesagt: Je nach Ausbildungsbetrieb kann auch der Schutz von Personen oder Anlagen bzw. Werten im Mittelpunkt der Aufgaben stehen. Und weil Sicherheit heute nicht mehr ohne elektronische Helfer denkbar ist, beschaffen und installieren diese Fachkräfte auch Sicherheitstechnik wie Feuerlöscher, Alarmanlagen oder Brandmelder. Ein vielseitiger Beruf also!

Einfühlungsvermögen, Interesse an kontrollierender Tätigkeit und an Technik.

Besonderheiten:

Sicherheit hat in Deutschland Konjunktur: Laut Aussage des Deutschen Industrie- und Handelskammertages werden für Unternehmen Themen wie Industriespionage, Absicherung von Gebäuden und Geländen sowie die Abwehr von Vandalismus immer wichtiger.

Fachkraft im Gastgewerbe

Typische Tätigkeiten:

Fachkräfte im Gastgewerbe sind die Allrounder des Gaststätten- und Hotelgewerbes: Auf ihrem Ausbildungslehrplan steht, wie man Betten macht, Gäste an der Rezeption empfängt, in Café- und Restaurantbereichen Gäste bedient, hinter der Theke Getränke ausschenkt, in der Küche aushilft, Veranstaltungen mitorganisiert und Büfetts aufbaut.

Was solltest du mitbringen?

Eine ausgeprägte Dienstleistungsmentalität, Spaß am Umgang mit Kunden und einem Arbeitsplatz mit viel Kundenverkehr. Außerdem eine Neigung zum Umgang mit Zahlen – das ist wichtig für das Kassieren im Café- und Restaurantbereich.

Besonderheiten:

Nach deiner erfolgreichen Kammerprüfung zur Fachkraft im Gastgewerbe kannst du dich spezialisieren und einen zusätzlichen berufsqualifizierenden Abschluss nach einem ergänzenden, dritten Ausbildungsjahr erwerben: zum Restaurantfachmann (m/w), Hotelfachmann (m/w), Hotelkaufmann (m/w) oder Fachmann für Systemgastronomie (m/w).

Fachlagerist

Typische Tätigkeiten:

Fachlageristen sind, wie der Name bereits sagt, die Spezialisten für die Lagerung von Waren aller Art. Das beginnt mit der Eingangskontrolle: Sie nehmen Güter an und kontrollieren diese auf Zustand und Vollständigkeit. Sie erfassen sie über Warenwirtschaftsprogramme (EDV), sortieren und lagern sie sachgerecht ein. „Sachgerecht" meint zum Beispiel, dass bei einigen Waren Dinge wie die Luftfeuchtigkeit oder die Raumtemperatur eine Rolle spielen. Denke nur einmal an verderbliche Produkte wie Lebensmittel! Regelmäßig kontrollieren sie darüber hinaus Lagerbestände, stellen Bestellungen zusammen und machen diese fertig für Versand und Transport.

Was solltest du mitbringen?

Freude an organisierender, sorgfältiger Arbeit: Ordnung und Systematiken sollten dir am Herzen liegen. Außerdem eine Neigung zu Technik – etwa für die Arbeit an Förderoder Sortieranlagen bzw. auch mit Gabelstaplern (die braucht man aber nicht in jedem Lager ...).

Besonderheiten:

Der Abschluss „Fachlagerist" ist der erste berufsqualifizierende Abschluss innerhalb einer so genannten gestuften Ausbildung: ihn erreichst du nach zwei Jahren. Nach einem zusätzlichen dritten Jahr kannst du die Prüfung zur „Fachkraft für Lagerlogistik" ablegen.

Fachmann für Systemgastronomie

Typische Tätigkeiten:

„Systemgastronomie"? Das meint gastronomische Betriebe, die ihr Angebot nach einem bestimmten System standardisiert haben – etwa Restaurantketten, die in jeder Filiale dasselbe Angebot an Speisen offerieren. Beispiele hierfür sind Schnellrestaurants wie McDonalds, Kentucky Fried Chicken oder Burger King, aber auch Subway Sandwiches oder Café-/Backwarenketten wie Le Crobag, Starbucks oder Balzac. Weitere Beispiele sind Betriebskantinen, Autobahnraststätten und Selbstbedienungsrestaurants. Und Fachfrauen bzw. -männer für Systemgastronomie sind die die Profis, die diese Restaurants am Laufen halten: Sie organisieren die Lagerung der Lebensmittelprodukte, bereiten vorbereitete (also bereits teilweise fertige) Speisen zu, verkaufen diese und betreuen im Service Kunden. Außerdem führen sie die Bücher und kontrollieren die Kosten.

Was solltest du mitbringen?

Eine serviceorientierte Einstellung und Freude an der Kommunikation mit Kunden sowie der Arbeit an Orten mit viel Publikumsverkehr. Außerdem solltest du gern mit Lebensmitteln arbeiten und gut organisieren können.

Besonderheiten:

„Fachmann/-frau für Systemgastronomie" ist einer der berufsqualifizierenden Abschlüsse, die du im Rahmen einer gestuften Ausbildung auch nach der zweijährigen Ausbildung zur Fachkraft im Gastgewerbe erwerben kannst.

Fachverkäufer im Lebensmittelhandwerk

Typische Tätigkeiten:

Ganz allgemein sind diese Fachkräfte die Verkaufsberater in Bäckereien, Konditoreien und Fleischereien – dies sind übrigens auch die drei Schwerpunkte, die dieser Beruf hat. Das heißt, je nach Einsatzgebiet verkaufen Fachverkäufer im Lebensmittelhandwerk Bäckerei-, Konditorei- oder Fleischereiprodukte und beraten ihre Kunden zu den Inhaltsstoffen der Lebensmittel. Darüber hinaus stellen sie – je nach Schwerpunkt – zum Beispiel Konfektmischungen (Konditorei), Snacks wie belegte Brötchen (Bäckerei) oder Fleischsalate (Schwerpunkt Fleischerei) her. Und alle richten ihre jeweiligen Waren ansprechend her und sorgen für Hygiene in den Verkaufsräumen – was in jedem Lebensmittelberuf wichtig ist.

Was solltest du mitbringen?

Neigung zu verkaufender und beratender Tätigkeit, zur Arbeit an Orten mit hohem Publikumsverkehr und zum Umgang mit Lebensmitteln.

Besonderheiten:

Die Ausbildung ist in drei Schwerpunkten möglich: Bäckerei, Konditorei und Fleischerei.

Fahrradmonteur

Fahrradmonteure setzen Fahrräder aus einzelnen Bauteilen zusammen – bauen sie also. Darüber hinaus reparieren sie sie auch – in der ganzen denkbaren Bandbreite: ob nun ein Licht ersetzt, ein Schlauch ausgetauscht oder eine neue Bremse eingebaut werden muss. Hämmer, Werkzeugschlüssel, Elektrobohrer und Feilen sind einige der Werkzeuge, die sie dabei nutzen.

Was solltest du mitbringen?

Interesse an handwerklicher Arbeit, an der Beratung von Kunden und der Arbeit mit Metall.

Besonderheiten:

Wenn du nach zwei Ausbildungsjahren den Abschluss „Fahrradmonteur" erreicht hast, kannst du ein zusätzliches drittes Ausbildungsjahr zum „Zweiradmechaniker – Fachrichtung Fahrradtechnik" anhängen. Es handelt sich hier also um eine gestufte Ausbildung.

Fahrzeuglackierer

Typische Tätigkeiten:

Hagelschäden oder Schrammen durch die Tür des (bereits wieder abgefahrenen) Parkplatznachbarn können teuer werden – denn die schöne Fassade, der Lack, soll natürlich wieder hergestellt werden. Aber sicher berät der kundige Fahrzeuglackierer, wie der Eingriff möglichst schonend für den eigenen Geldbeutel über die (Werkstatt-)bühne geht:

Denn er ist der Fachmann für die Lackierung von Fahrzeugen und Fahrzeugaufbauten aller Art.

„Neulack" auf „Altlack" – das geht natürlich so nicht: Erst muss der Untergrund vorbereitet werden. Das geschieht vor allem durch Schleifen und Grundieren. Erst dann werden die neuen Lackschichten aufgetragen – typischerweise mit Sprühgeräten. Für Schriftzüge oder Schmuckbilder kommen auch Schablonen zum Einsatz.

Was solltest du mitbringen?

Interesse an Farben und Formen sowie an handwerklich-praktischer Tätigkeit.

Besonderheiten:

Diese Ausbildung hat den früheren Beruf „Maler/in und Lackierer/in – Schwerpunkt Fahrzeuglackierer" aufgehoben.

Feinwerkmechaniker

Typische Tätigkeiten:

Die Berufsbezeichnung gibt bereits einen Hinweis: Hier geht es um die Herstellung „feiner" Metallteile, das heißt von Präzisionsbauteilen. Teils von Hand, teils mittels Maschinen fertigen sie diese Bauteile mit Verfahren wie Fräsen, Drehen, Bohren und Schleifen. Die Präzisionsbauteile montieren sie anschließend, zusammen mit elektronischen Regel- und Messbauteilen, zu funktionsfähigen Einheiten, die sie bei Bedarf auch reparieren.

Was solltest du mitbringen?

Interesse an Technik, am Umgang mit dem Werkstoff Metall und Freude an sorgfältiger Arbeit.

Besonderheiten:

Diese Ausbildung ist in den Schwerpunkten Werkzeugbau, Feinmechanik und Maschinenbau möglich.

Fertigungsmechaniker

Typische Tätigkeiten:

In gewisser Weise sind sie die kleinen Schwestern und Brüder der Anlagenmechaniker: Während Anlagenmechaniker ganze Industrieanlagen montieren (z.B. eine komplette Getränkeabfüllanlage), sind Fertigungsmechaniker für die Montage von kleineren Maschinen und Geräten zuständig: etwa von Geschirrspülern, Fernsehgeräten, Bohrmaschinen. Je nach Betrieb bauen sie vielleicht auch Kabelbäume in Autos ein. Grundsätzlich geht es also darum, Bauteile zu einem „größeren Ganzen" zusammenzubauen – eben dem technischen Gerät oder der Maschine. Und natürlich darum, anschließend deren Funktionsfähigkeit zu überprüfen.

Was solltest du mitbringen?

Freude an exakter Arbeit nach Plan und Interesse an Technik.

Fleischer

Typische Tätigkeiten:

Metzger heißen sie nur in bestimmten Gegenden, *Fleischer* hingegen dürfen sie sich, sobald sie den Gesellenbrief in der Tasche haben, alle nennen: Fleischer sind die Fachleute rund um die Weiterverarbeitung, die Veredelung, die Beratung zu bzw. die Präsentation und den Verkauf von Fleischwaren. Weiterverarbeitung ist dabei wichtig, denn auch wenn Fleischer selbstverständlich unter anderem in Schlachthöfen arbeiten und ausgebildet werden: die meisten ihrer Kollegen arbeiten in kleineren Handwerks- oder Industriebetrieben.

Dort wählen sie Fleisch aus, beurteilen und veredeln es: etwa durch die Verarbeitung zu Fleischsalaten, mariniertem Geschnetzelten, gefüllten Schnitzeln oder schmackhaften Spießen. Natürlich nimmt auch die Herstellung von Wurst eine zentrale Rolle ein – sie wird über berufstypische Handwerksverfahren wie Kochen, Brühen, Pökeln oder Räuchern zur begehrten Verkaufsware. Fleischer beraten ihre Kundschaft auch zu ihren Produkten (etwa über Inhaltsstoffe oder Zubereitungsarten), richten die Ware ansprechend her und verkaufen sie.

Was solltest du mitbringen?

Freude am Umgang mit Kunden und an handwerklicher Arbeit mit Lebensmitteln.

Fliesen-, Platten- und Mosaikleger

Typische Tätigkeiten:

Diese Baufacharbeiter verkleiden Wände, Böden und Fassaden – und zwar mit den Materialien, nach dem der Beruf benannt ist: mit Fliesen, Platten und Mosaiken. Da diese nicht einfach ins „Nichts" verlegt werden können, stellen sie zunächst als Untergrund Dämm- und Sperrschichten her. Erst dann verlegen sie die Platten – mit Mörtel und Spezialklebstoffen. Zum Schluss füllen sie die Fugen auf.

Was solltest du mitbringen?

Eine Neigung zu körperlicher, handwerklicher Arbeit und Interesse am Umgang mit technischen Geräten.

Florist

Typische Tätigkeiten:

Ganz allgemein gesprochen stellen Floristen Blumen – und Pflanzenschmuck her und verkaufen diesen. Die Bandbreite ist dabei groß: Tischschmuck, Trauerkränze oder Brautsträuße sind nur einige Produktbeispiele – und noch breiter ist natürlich die Palette ihrer „Rohstoffe", also der Pflanzen und Blumen. Neben Standardware wie Rosen verarbeiten Floristen auch Saisonpflanzen. Sie fertigen Sträuße und Gestecke, die sie im Blumengeschäft verkaufen. Gleichzeitig erfüllen sie persönliche Kundenwünsche nach ganz bestimmten Arrangements.

Was solltest du mitbringen?

Einen „grünen Daumen", also Interesse an Pflanzen und Blumen, außerdem ein gestalterisches Auge und Händchen, Spaß an handwerklicher Tätigkeit und am Umgang mit Kunden.

Forstwirt

Typische Tätigkeiten:

Wenn ein Stück Heide mit altem Wacholder mitten in einem Kiefernwald geschützt (und dementsprechend eingezäunt) werden soll, sind sie gefragt: Forstwirte – umgangssprachlich „Förster" genannt – schützen, pflegen und pflanzen Waldbestände. Dafür züchten sie auch Jungbäume in Baumschulen. Wie Landwirte des Waldes ernten sie Holz auch, fällen also Bäume und transportieren sie fort.

Was solltest du mitbringen?

Interesse an Natur, am Umgang mit dem Werkstoff Holz, an praktisch-körperlicher Arbeit und am Umgang mit Maschinen (Motorsägen, große Erntefahrzeuge, die auch Harvester heißen und Bäume oft im ganzen Stück verarbeiten).

Friseur

Typische Tätigkeiten:

Die Schere hältst du mit Daumen und Ringfinger. Beim Schneiden dann soll sich im Idealfall nur der Daumen bewegen – wenn du das „drauf" hast, hast du bereits eine der grundlegenden Kunstfertigkeiten des Friseurhandwerks erlernt! Schneiden ist natürlich nur eine Seite dieses vielseitigen Berufs: Friseure waschen, pflegen und färben Haare auch. Und beraten Kunden über Frisuren, die zum Typ passen. Außerdem gestalten sie Fingernägel, kennen sich mit Make-up aus und verkaufen kosmetische Artikel wie etwa Haargel.

Was solltest du mitbringen?

Freude an der Kommunikation mit und der Beratung von Kunden. Außerdem Interesse an Moden und ein gestalterisches Auge wie auch Händchen.

Besonderheiten:

Mehr als die Hälfte der AusbildungsanfängerInnen in diesem Beruf haben den Hauptschulabschluss – ein Beruf mit sehr guten Aussichten also!

Gärtner

Typische Tätigkeiten:

Wie wird aus dem Rhododendron eine blühende Augenweide – statt einer den Garten erdrückenden Plage? Welche Gewächse bevorzugen Schatten, welche Sonne? Dies sind nur beispielhafte Fragen, die sich Gärtner stellen, wenn sie Kunden beraten. Ganz allgemein sind Gärtner die Fachleute, wenn es um die Zucht, die Pflege, die Ernte und den Verkauf (mit vorausgehender Beratung) von Stauden, Schnittblumen, aber auch Obst oder Gemüse geht. Die vielseitige Ausbildung ist dabei in stolzen sieben (!) Fachrichtungen möglich – ein kleiner Rekord (siehe unten: „Besonderheiten").

Was solltest du mitbringen?

Den berühmten „grünen Daumen", das heißt ein Interesse und ein Händchen für den Umgang mit Pflanzen, sowie natürlich Interesse an Natur und an der Beratung von Kunden.

Besonderheiten:

Diese Ausbildung ist in sieben Fachrichtungen möglich:
- Gärtner/in – Fachrichtung Baumschule
- Gärtner/in – Fachrichtung Friedhofsgärtnerei
- Gärtner/in – Fachrichtung Garten- und Landschaftsbau
- Gärtner/in – Fachrichtung Gemüsebau
- Gärtner/in – Fachrichtung Obstbau
- Gärtner/in – Fachrichtung Staudengärtnerei
- Gärtner/in – Fachrichtung Zierpflanzenbau

Gebäudereiniger

Typische Tätigkeiten:

„Sauber machen", ja – natürlich. Aber das Berufsbild des Gebäudereinigers ist vielfältig: Sie berechnen zum Beispiel Flächen, um Kunden Preisangebote zu unterbreiten. Oder mischen – je nach Beschaffenheit und Material der zu reinigenden Fläche – Reinigungsmittel. Sie bedienen Geräte wie etwa Dampfreinigungsmaschinen. Und sie sind nicht nur auf Innenräume spezialisiert: Auch die Glasreinigung mit Fensterwischern gehört zu ihrem Aufgabengebiet, oder das Imprägnieren von Fassaden aus Kunst- oder Naturstein.

Was solltest du mitbringen?

Ordnungssinn sowie Freude an praktisch-handwerklicher Arbeit mit körperlichem Einsatz.

Gerüstbauer

Typische Tätigkeiten:

Ohne die Produkte ihrer Arbeit wäre kaum eine Baustelle vorstellbar: Gerüstbauer verkleiden Gebäude, Brücken oder andere Bauwerke, die neu gebaut oder saniert werden müssen, mit Gerüsten. Auf diesen können sich die übrigen Baufachkräfte später dann sicher bewegen. Typisch ist dabei die Verwendung von so genannten Systembauteilen, die die Gerüstbauer nach dem Baukastenprinzip montieren – wobei sie natürlich streng nach Plan vorgehen. Sie bauen aber auch Spezialgerüste – je nach Kundenwunsch. Die diagonalen Stahlrohre, die dir bei Baugerüsten sicher auch schon aufgefallen sind, geben den Konstruktionen übrigens Stabilität. Für das Verladen der teils schweren Bauteile bedienen sie bei Bedarf Ladekräne.

Was solltest du mitbringen?

Eine Neigung zu praktischer Arbeit mit oft auch körperlichem Einsatz (Gerüstteile tragen) sowie zum Umgang mit Maschinen.

Glaser

Typische Tätigkeiten:

Je nach Fachrichtung (s.u.: „Besonderheiten") verarbeiten Glaser zum Beispiel Glas zu Fenstern, Vitrinen und Spiegeln, stellen Kunstverglasungen her oder rahmen Spiegel und Bilder ein. Sie stellen aber auch Türen- und Fassaden-konstruktionen aus Glas her. Hierfür fertigen sie auch passende Rahmen an, setzen die vorbereiteten Glasscheiben ein und montieren die Bauteile.

<u>Was solltest du mitbringen?</u>

Neigung zu präziser Arbeit und zum Umgang mit technischen Geräten (z.B. Glasschneidemaschinen) sowie mit dem Werkstoff Glas.

<u>Besonderheiten:</u>

Die Ausbildung ist in den beiden Fachrichtungen „Verglasung und Glasbau" sowie „Fenster- und Glasfassadenbau" möglich. Nähere Informationen zu den genauen Inhalten dieser Fachrichtungen erhältst du über die kostenlos zugängliche berufskundliche Datenbank Berufenet: Einfach auf der Startseite http://berufenet.arbeitsagentur.de/berufe/index.jsp „Glaser" eingeben und dann die gewünschte Fachrichtung anklicken!

Hauswirtschafter

<u>Typische Tätigkeiten:</u>

Jugend-, Alten- oder Pflegeheime: Dies sind nur einige der typischen Arbeitsorte von Hauswirtschaftern. Sie sind die Spezialisten für die Versorgung der Bewohner solcher – beispielhafter – Heime. So stellen sie etwa Speisepläne zusammen, kaufen die entsprechenden Lebensmittel ein und kochen Mahlzeiten daraus. Falls nötig, helfen sie Pflegekräften bei der Körperpflege von Heimbewohnern.

Weitere mögliche (das hängt vom Ausbildungsbetrieb ab ...) Einsatzschwerpunkte neben der Essenszubereitung sind: Haus- und Wäschepflege, Hausreinigung, Pflege von Pflanzen und Haustieren.

<u>Was solltest du mitbringen?</u>

Spaß daran, Menschen zu helfen und beruflich intensiv mit Menschen zu tun zu haben. Organisationstalent. Interesse an Gesundheits- und Ernährungsfragen.

Hochbaufacharbeiter

<u>Typische Tätigkeiten:</u>

Hochbaufacharbeiter spezialisieren sich bereits im 2. Jahr dieser gestuften Ausbildung des Bauwesens auf einen der Schwerpunkte

• Maurerarbeiten,

• Beton- und Stahlbetonbauarbeiten oder

• Feuerungs- und Schornsteinbauarbeiten.

Die beiden erstgenannten Schwerpunkte findest du in den entsprechenden Anschnitten zum Beruf in diesem Teil des Buches: Blättere einfach zu den Kurzbeschreibungen „Maurer" bzw. „Beton- und Stahlbetonbauer" – so nennen sich die Gesellen dieser Fachrichtungen nach dem 3. Ausbildungsjahr.

Im verbleibenden Schwerpunkt „Feuerungs- und Schornsteinbauarbeiten" lernst du, wie man Schornsteine, Abzugskanäle und Feuerungsanlagen baut. Hierfür verwenden die entsprechend spezialisierten Hochbaufacharbeiter teils Fertigteile, teils stellen sie nötige Betonbauteile auch selbst her.

Was solltest du mitbringen?

Interesse an der Arbeit mit technischen Geräten, am Bauen und an teils auch körperlich anstrengender handwerklicher Tätigkeit.

Besonderheiten:

Der berufsqualifizierende Abschluss „Hochbaufacharbeiter" ist nach zwei Jahren möglich. Da er Teil der gestuften Ausbildung der Bauberufe ist, kannst du nach einem zusätzlichen dritten Jahr den Abschluss als Maurer/in, Beton- und Stahlbetonbauer/in oder Feuerungs- und Schornsteinbauer/in erwerben.

Holzbearbeitungsmechaniker

Typische Tätigkeiten:

In gewisser Weise sind sie die etwas maschinisierteren Tischler: Holzbearbeitungsmechaniker stellen Holzbauteile wie auch komplett fertige Produkte aus Holz her. Das können zum Beispiel Latten für die beliebten Jägerzäune (oder natürlich andere Zauntypen) sein, oder Türbestandteile, Balken, Spanplatten. Diese Produkte produzieren sie mittels unterschiedlicher Handwerkstechniken, wobei Maschinen zum Einsatz kommen – Maschinen beispielsweise, mit denen Holzbearbeitungsmechaniker hobeln, sägen oder fräsen.

Was solltest du mitbringen?

Freude an handwerklichem Umgang mit dem Werkstoff Holz sowie an der Arbeit mit Maschinen und Geräten.

Industriemechaniker

Industriemechaniker sind die Maschinenspezialisten der Industrie: Schwerpunktmäßig reparieren und warten sie Maschinen oder bauen diese für wechselnde Produktionen um. Wenn die Produktion aufgrund eines Defekts still steht, ermitteln sie beispielsweise Störursachen, bestellen Ersatzteile oder stellen diese selbst her – hierfür beherrschen sie auch die typische mechanischen Arbeitsweisen, etwa drehen, fräsen, schleifen und bohren. Die neuen Bauteile installieren sie dann ebenfalls selbst.

Was solltest du mitbringen?

Interesse an handwerklich-praktischer Tätigkeit sowie an Technik.

Besonderheiten:

Je nach Ausbildungsbetrieb kannst du mit unterschiedlichen Schwerpunkten eingesetzt sein:
- Feingerätebau
- Instandhaltung
- Maschinen- und Anlagenbau oder
- Produktionstechnik

Informationselektroniker

Typische Tätigkeiten:

Außentermin im Copyshop: Der Papierstau in einem der Kopiergeräte lässt sich vom Personal nicht beheben. Etwas scheint mit dem Papiereinzug nicht zu stimmen – was genau, das findet der herbeigerufene Informationselektroniker sicher heraus. Informationselektroniker sind die Spezialisten, wenn es um die Einrichtung und die Reparatur informations- und kommunikationstechnischer Geräte geht – die aus dem Alltag allesamt nicht mehr wegzudenken sind. Dazu gehören Computer, Scanner, Faxgeräte, Kopierer, Fernsehgeräte, CD- und DVD-Player usw. Sie beheben aber nicht nur technische Probleme, sondern beraten auch ihre Kunden.

Übrigens: Ein Informationselektroniker, der einen geöffneten Fernseher föhnt, ist mitnichten urlaubsreif: Auf diese sehr praktische Weise simulieren diese Fachkräfte nämlich eine längere Betriebslaufzeit, während sie der Ursache für eine Störung auf der Spur sind …

Was solltest du mitbringen?

Technisches Interesse, eine präzise Arbeitsweise und Spaß am Umgang mit Kunden.

Besonderheiten:

Diese Ausbildung ist in den Schwerpunkten „Bürosystemtechnik" bzw. „Geräte- und Systemtechnik" möglich.

Kanalbauer

Typische Tätigkeiten:

Kanalbauer bauen Abwasserleitungen unterschiedlicher Art. Dafür heben sie Gräben und Schächte aus, sichern deren Seitenwände (zum Beispiel mit Spundwänden) und verlegen schließlich Rohre aus verschiedenen Materialien: vom leichten Kunststoffrohr bis zum meterdicken Hauptsammler. Natürlich sanieren sie auch alte Rohrsysteme – gar nicht einmal so selten, da ein Teil der städtischen Kanalisationen in Deutschland im 19. Jahrhundert gebaut wurde. Damit das Gefälle stimmt, halten sich diese Spezialisten bei Ihrer Tiefbauarbeit exakt an entsprechende Baupläne.

Was solltest du mitbringen?

Eine Neigung zu sehr sorgfältiger, handwerklicher Arbeit, die teils auch körperlichen Einsatz erfordert.

Karosserie- und Fahrzeugbaumechaniker

Typische Tätigkeiten:

Je nach Fachrichtung erwarten dich in dieser vielfältigen Ausbildung verschiedene Lerninhalte und Tätigkeiten.

In der Fachrichtung Fahrzeugbautechnik stellen Karosserie- und Fahrzeugbaumechaniker Fahrzeugaufbauten für Sonderfahrzeuge (!) her – die ganz unterschiedlicher Art sein können: zum Beispiel Aufbauten für Fahrzeuge, die Baustoffe oder Müll transportieren, oder Anhänger.

Karosserie- und Fahrzeugbaumechaniker der Fachrichtung Karosseriebautechnik bauen Karosserien. Zum Begriff: Die Karosserie ist der – meist aus Stahlblech, Aluminium oder Kunststoff hergestellte – Aufbau auf dem Fahrgestell bzw. dem Fahrwerk. Die meisten PKW haben heute allerdings eine so genannte selbsttragende Karosserie: Der (zum Beispiel aus Stahlblech bestehende) Aufbau (Türen, Dach, Kotflügel etc.) wird dabei nicht mehr von einem Fahrgestell oder Rahmen getragen. Vielmehr trägt sich die komplett durch Löten, Schweißen und Kleben miteinander verbundene Gesamtstruktur (= „Gesamtkarosserie") selbst.

In der Fachrichtung <u>Karosserieinstandhaltungstechnik</u> reparieren und warten Karosserie- und Fahrzeugbaumechaniker Karosserien und Fahrzeugaufbauten.

<u>Was solltest du mitbringen?</u>

Interesse an Technik, Elektronik und Kraftfahrzeugen, am Umgang mit technischen Geräten (z.b. Schweißgeräte, Hebebühnen) und an handwerklicher Arbeit mit den Werkstoffen Metall und Kunststoff.

<u>Besonderheiten:</u>

Die Ausbildung ist in einer der drei oben beschriebenen Fachrichtungen möglich.

Kaufmann im Einzelhandel

Siehe ➔ „Verkäufer" ➔ „Besonderheiten".

Koch

<u>Typische Tätigkeiten:</u>

Du kochst gern? Das ist *eine* gute Voraussetzung, aber eben nur eine. Denn Köche stehen nicht nur über dampfenden Töpfen oder schneiden Fleisch und Gemüse.
Sie erstellen Speisekarten und errechnen Verkaufspreise. Und Lebensmittel kaufen sich nicht selbst ein, daher sind Köche auch hierfür zuständig. Als „Betriebswirte der Küche" vergleichen sie dabei Angebote, prüfen Preise und Qualitäten. Ständig überprüfen sie zudem die Vorräte im Lager.
Jetzt erst geht es los: Einerseits mit der Vorbereitung der Speisen (etwa durch Schneiden, Putzen, Zerlegen, Säubern),

andererseits mit dem eigentlichen Kochen – oder Braten, Dünsten, Grillen …

Was solltest du mitbringen?

Stressresistenz, denn die Küche ist ein Arbeitsort, an dem es hektisch und laut zugeht. Außerdem Organisationstalent und Freude an der Arbeit mit Lebensmitteln.

Konditor

Typische Tätigkeiten:

Während Bäcker für unser „täglich Brot und Brötchen" zuständig sind, sind so genannte Feinbackwaren die Spezialität von Konditoren: Das meint unter anderem Hefefeingebäck (z.B. Plunderteilchen, Zöpfe, Stollen), Blätterteiggebäck (wie Pasteten, Hackfleischtaschen, Kräcker) oder Dauerbackwaren (etwa Kekse, Honigkuchen, Biskuit). Konditoren stellen aber auf Kundenwunsch auch mehrstöckige Hochzeitstorten her, oder Pralinen, Konfekt, Speiseeis (im Falle von Eiskonditoren).
Für all diese Leckerein bereiten sie die Zutaten zunächst vor – schälen also beispielsweise Obst, lassen Tiefkühlzutaten auftauen, wiegen Mehl oder Zucker ab. Durch Rühren, Schlagen oder Kneten verarbeiten sie ihre Rohprodukte, wobei natürlich auch technische Geräte zum Einsatz kommen – vor allem Knet- und Rührmaschinen.
Nach dem Backen veredeln sie ihre Erzeugnisse – nicht zuletzt, damit diese auch wirklich „zum Anbeißen" aussehen: etwa durch Glasuren oder Dekoration mit Früchten.
Verkauf und Beratung runden die Aufgaben von Konditoren ab.

Was solltest du mitbringen?

Ein Interesse für handwerkliche Tätigkeit, die auch ein Auge für Gestaltung voraussetzt, und an der Arbeit mit Lebensmitteln. Außerdem Spaß an der Kommunikation mit Kunden und der Arbeit an einem Ort mit viel Publikumsverkehr.

Besonderheiten:

Mehr als die Hälfte (52 Prozent) der AusbildungsanfängerInnen in diesem interessanten Beruf hatten im Jahr 2006 den Hauptschulabschluss.

Konstruktionsmechaniker

Typische Tätigkeiten:

Hast du selbst – oder in den Nachrichten – einmal das Spektakel verfolgt, das veranstaltet wird, wenn ein großer Luxusliner wie das Kreuzfahrtschiff „Queen Mary" im Hamburger Hafen zur Reparatur einläuft? Ein Feuerwerk ist da das Mindeste! Kein Kreuzfahrtschiff würde überhaupt auslaufen, wenn es sie nicht gäbe: Konstruktionsmechaniker. Sie stellen Metallbaukonstruktionen, Metall- und Stahlteile aller Art her, indem sie diese beispielsweise anhand technischer Zeichnungen zuschneiden oder Bohrungen anbringen. Diese Anfertigungen verarbeiten sie dann zu Kränen, Aufzügen, Schiffen, Brücken oder ganzen Bohrinseln. Und sie reparieren solche Konstruktionen auch – eben zum Beispiel dann, wenn die „Queen Mary" wieder ins Trockendock einläuft.

Was solltest du mitbringen?

Interesse an handwerklich-praktischer Arbeit, an der Arbeit mit dem Werkstoff Metall und am Bedienen von Maschinen und Geräten (z.b. Schweißgeräte, Fräs- und Bohrmaschinen).

Video zum Beruf:

Möchtest du dir diesen Beruf ein wenig mehr „live" vorstellen können? Hier findest du ein Video: www.meinfomobil.de/portal_frs.htm → (oben links) Link „Berufe" → Link „Metallberufe" → Link „Konstruktionsmechaniker" → Das Video startet durch Anklicken des Bewegtbildstreifens unter dem Foto links neben dem Text.

Kraftfahrzeugmechatroniker

Typische Tätigkeiten:

Ganz allgemein gesprochen und bevor es um die einzelnen Schwerpunkte geht: Kraftfahrzeugmechatroniker (das sind die früheren Kraftfahrzeugmechaniker) reparieren und warten Autos, Motorräder und Nutzfahrzeuge und rüsten sie mit Zubehör und Zusatzausstattungen aus.

Im Schwerpunkt *Fahrzeugkommunikationstechnik* installieren und reparieren Kraftfahrzeugmechatroniker Systeme der Fahrzeugkommunikation: zum Beispiel Freisprechanlagen und Navigationsgeräte.

Im Schwerpunkt *Personenkraftwagentechnik* warten und reparieren Kraftfahrzeugmechatroniker Fahrzeuge, die maximal neun Personen Platz bieten (für größere Fahrzeuge sind ihre Kollegen aus dem Schwerpunkt „Nutzfahrzeugtechnik" zuständig). Im Rahmen von Fehlerdiagnosen suchen sie dabei beispielsweise nach elektronischen oder mechanischen Störungen. Typische Wartungen oder Reparaturen sind zum Beispiel: Nachrüstungen mit Filtern, Austausch von Bremsflüssigkeit oder von Auspufftöpfen, Abgasuntersuchungen. Diese konkreten Aufgaben können auch bei den Kollegen von der Nutzfahrzeugtechnik anstehen, allerdings an anderen Fahrzeugen:

Im Schwerpunkt *Nutzfahrzeugtechnik* warten und reparieren Kraftfahrzeugmechatroniker nämlich Fahrzeuge des gewerblichen Waren- und Personentransports – also vor allem Lastkraftwagen und Busse.
Im Schwerpunkt *Motorradtechnik* schließlich stellen Kraftfahrzeugmechatroniker Motorräder aus Einzelteilen her und reparieren defekte Maschinen.

Was solltest du mitbringen?

Interesse an Handwerk, Technik und Elektronik und am Umgang mit technischen Geräten.

Besonderheiten:

Im dritten Jahr der Ausbildung spezialisierst du dich auf eine der drei beschriebenen Schwerpunkte.

Landwirt

Typische Tätigkeiten:

… sind hier alle Aufgaben, die bei der landwirtschaftlichen Erwerbsarbeit in bäuerlichen Betrieben anfallen: Je nach betrieblicher Spezialisierung (zum Beispiel Acker-, Wein-, Obstbau, Viehzucht) stellen Landwirte tier- und/ oder landwirtschaftliche Produkte her. Die Schweinemast, die Haltung von Milchvieh oder der Anbau von Getreide sind solche typischen Schwerpunkte.

Im Bereich Landwirtschaft bearbeiten Landwirte den Boden mittels unterschiedlicher Maschinen – etwa Sä- und Erntemaschinen – und bringen Dünger und Pflanzenschutzmittel aus.

In der Viehhaltung füttern, reinigen, züchten und pflegen sie Nutztiere.

<u>Was solltest du mitbringen?</u>

Interesse an Tieren, Pflanzen und Natur bzw. biologischen Vorgängen. Außerdem Freude am Umgang mit technischen Geräten und Maschinen.

Maler und Lackierer

Siehe → „Bauten- und Objektbeschichter" → „Besonderheiten"

Maurer

<u>Typische Tätigkeiten:</u>

Vor dem Griff zu Stein und Kelle steht der Blick in den Plan – etwa die Bauskizze eines Architekten oder Statikers. Und auch dann heißt es noch nicht „Stein auf Stein" (was wohl das typische Bild ist, wen man an Maurer denkt...): Zunächst muss das Fundament gebaut werden. Hierfür erstellen Maurer Schalungen aus Holz, in die sie Stahlgeflechte einfügen. Die Schalungen füllen sie dann mit Flüssigbeton auf.

Ist dieser gehärtet, beginnt die eigentliche Maurerarbeit: Stein auf Stein – und dazwischen Mörtel oder Kleber. Spezialkleber natürlich, nicht Uhu...

Beim Mauern prüfen Maurer ständig die Qualität ihrer Arbeit. Abschließend bringen sie Dämmstoffe an, verlegen Fußbodenplatten oder bauen Treppen – das hängt auch von der Spezialisierung des Betriebes ab. Maurer montieren auch Wände aus Fertigteilen – ganz wie Trockenbaumonteure (vgl. Berufsporträt „Ausbaufacharbeiter").

Was solltest du mitbringen?

Freude an handwerklicher Bautätigkeit mit körperlichem Einsatz sowie an der Arbeit mit technischen Geräten und Maschinen.

Mechatroniker für Kältetechnik

Typische Tätigkeiten:

Ein kühles Glas Pilsbier, Eis aus der Tiefkühltruhe oder angenehm kühlende Luft aus der Klimaanlage – ohne Kältetechnik wäre all dies nicht vorstellbar. Mechatroniker für Kältetechnik sorgen dafür, dass die Temperatur in den entsprechenden Geräten stimmt: Für die Gastronomie, für landwirtschaftliche Betriebe und natürlich für Privathaushalte entwerfen und installieren sie Anlagen der Klima- und Kältetechnik. Dafür brauchst du technisches wie auch elektronisches Interesse: Diese Spezialisten planen zunächst den Anschluss dieser Geräte – anhand technischer Zeichnungen und Montageanweisungen. Dann schließen sie elektrische Aggregate (zum Beispiel Kompressoren und Ventilatoren) an die Stromzufuhr an.

Interesse an Elektronik sowie an technischer und kundenorientierter Tätigkeit.

Besonderheiten:

Im Jahr 2007 hat dieser Beruf den Beruf Kälteanlagenbauer
abgelöst.

Metallbauer

Typische Tätigkeiten:

Grundsätzlich stellen Metallbauer Konstruktionen aus Metall her und montieren diese beim Kunden. Was genau sie
schmieden, unterscheidet sich je nach gewählter Fachrichtung:

In der Fachrichtung Metallgestaltung schmieden Metallbauer vor allem Schmuckbauteile aus Metall – zum Beispiel
Gitter, Gartenleuchten oder Treppengeländer.

In der Fachrichtung Konstruktionstechnik spezialisierst du
dich auf die Fertigung (und wie immer auch: die Montage)
von etwas „größeren Kalibern", etwa von Metalltoren, Fas-
sadenelementen, Überdachungen, aber auch von metalle-
nen Fensterrahmen.

In der Fachrichtung Nutzfahrzeugbau schließlich lernst du,
wie man metallene Aufbauten herstellt und an Fahrzeuge
montiert. Dabei handelt es sich um fahrzeugtypische Konstruktionen wie zum Beispiel Karosserien und Ladeeinrich-
tungen.

Was solltest du mitbringen?

Interesse am Umgang mit dem Werkstoff Metall, an praktisch-handwerklicher Tätigkeit und an der Arbeit mit technischen Geräten und Maschinen wie Schweißgeräten und Bohrmaschinen.

Besonderheiten:

Im dritten Jahr dieser Ausbildung spezialisierst du dich auf eine der drei oben beschriebenen Fachrichtungen.

Modeschneider

Typische Tätigkeiten:

Natürlich nähen Modeschneider nicht „drauflos": Sie entwerfen zunächst Schnittbilder und Modelle von später dann vielleicht in Serie produzierten Textilmoden. Schere, Nadel, Garn, Faden, Kreide und Maßband sind dabei typische Hilfsmittel. Die so gefertigten Einzelteile werden dann von Kollegen – den Modenähern – zu fertigen Kleidern zusammengenäht.

Was solltest du mitbringen?

Interesse an Mode, am Umgang mit Textilien und der Arbeit mit technischen Geräten.

Produktionsfachkraft Chemie

Typische Tätigkeiten:

Ob Waschmittel, Gartendünger, Kosmetika, Lacke oder Farben: Viele unserer Alltagsprodukte stammen aus der chemischen Verfahrenstechnik. Produktionsfachkräfte Chemie stellen solche Produkte her, wofür sie – ein wenig industriellen Köchen vergleichbar – zunächst die Zutaten für das jeweilige „Rezept" zusammenstellen. Also etwa Rohstoffe abwiegen und dosieren oder Mischungen herstellen (zum Beispiel verschiedene Farben, aus denen eine neue Farbe entstehen soll). Dann richten sie die Produktionsmaschinen ein: installieren beispielsweise Rohre oder bauen Apparate ein. Schließlich steuern und kontrollieren sie den gesamten Herstellungsprozess – bis zum fertigen Lippenstift oder Vollwaschmittel.

<u>Was solltest du mitbringen?</u>

Interesse an Chemie, am Überwachen und Steuern von Maschinen und an Technik.

Raumausstatter

<u>Typische Tätigkeiten:</u>

Ob bei Kunden aus der Wirtschaft oder in Privathaushalten: Raumausstatter beraten Kunden dazu, wie diese ihre Räume und Polstermöbel passend zum Geschmack gestalten können: Themen sind dabei beispielsweise die Auswahl von Farben und Materialien sein. Dafür verlegen und entwerfen sie unter anderem – und je nach gewähltem Schwerpunkt (s. dazu unten: „Besonderheiten") – Bodenbeläge, polstern Sofas oder Stühle oder tapezieren Wände.

<u>Was solltest du mitbringen?</u>

Ein Auge für Gestaltung, also für Formen und Farben. Außerdem Spaß an handwerklicher Tätigkeit und an der Beratung von Kunden.

Die Ausbildung ist in den Schwerpunkten Polstern, Boden, Wand- und Deckendekoration und Raumdekoration sowie Licht-, Sicht- und Sonnenschutzanlagen möglich.

Restaurantfachmann

Siehe → „Fachkraft im Gastgewerbe" → „Besonderheiten".

Schädlingsbekämpfer

Typische Tätigkeiten:

„If you see me coming, run fast as you can" – diese Liedzeile sollten Schaben, Maden und Nagetiere wie Mäuse und Ratten beherzigen, wenn sie anrücken: Schädlingsbekämpfer schützen Menschen, Tiere, Vorräte und Material vor lästigen Parasiten. Vom Hornissennest, das den Besuch des eigenen Balkons zur Safari werden lässt, bis hin zu Silberfischen, Holzwürmern und Schnecken schrecken Schädlingsbekämpfer dabei weder vor Schädlingen, noch vor Lästlingen zurück. Dabei nutzen sie beispielsweise Lockstofffallen, Klebebretter oder Fallen. Ganz groß geschrieben wird in diesem Beruf auch die Beratung der Kunden – schließlich soll sich der Befall nicht wiederholen.

Was solltest du mitbringen?

Spaß an der Beratung von Kunden und eine Neigung zu praktischer Tätigkeit.

Besonderheiten:

Dieser wichtige Beruf, in dem HauptschülerInnen im Jahr 2006 38 Prozent der AusbildungsanfängerInnen stellten, ist noch relativ jung: Es gibt ihn seit 2004.

Servicefahrer

Typische Tätigkeiten:

Servicefahrer liefern Waren verschiedenster Art aus – etwa Pakete, Möbelstücke, Lebensmittel. Dafür laden sie die Waren ein und verschaffen sich bei Bedarf mit Karten eine Orientierung über ihre Route. Sie prüfen auch die Lieferscheine, die sie bekommen: Ist die Ladung vollständig? Wenn ja, bringen sie diese zum Kunden, den sie auf Wunsch über Service und Angebot ihres Auftraggebers informieren.

Was solltest du mitbringen?

Interesse an Technik, da Servicefahrer regelmäßig die Fahrtüchtigkeit ihres Lieferfahrzeuges prüfen. Außerdem an einer recht mobilen Tätigkeit: Als Servicefahrer sitzt du selten im Büro – meist bist du „auf Achse"! Drittens Spaß am Kontakt zu Kunden und an einer zupackenden Arbeit.

Speiseeishersteller

Typische Tätigkeiten:

Rund 9000 handwerklich arbeitende Eiscafés gibt es in Deutschland, von denen gut ein Drittel seine kühlen Köstlichkeiten selbst herstellt. Und dies neuerdings mit tatkräftiger Unterstützung seitens speziell ausgebildeter Spezialisten: Der „Speisehersteller" ist eine noch junge duale Berufsausbildung.

Schwerpunkte der Ausbildung sind: Eiszutaten (z.B. Milch, Früchte, Schokolade) auswählen und mit Maschinen und Geräten zu den einzelnen Eissorten, Biskuits, Waffeln oder Eistorten verarbeiten – letztere müssen von den Fachkräften natürlich auch bedient und gewartet werden. Außerdem Lagerbestände kontrollieren, Eis pasteurisieren, Hygiene- und lebensmittelrechtliche Vorschriften lernen. Und wer verkauft das fertige Eis und kommuniziert dafür täglich mit Kunden? ... Genau!

<u>Was solltest du mitbringen?</u>

Eine sorgfältige, hygienische Arbeitsweise; Spaß am Umgang mit Kunden und in einem Umfeld mit viel Publikumsverkehr.

<u>Besonderheiten:</u>

Da es diesen Beruf erst seit dem 01. August 2008 gibt, liegen übrigens noch keine Zahlen zum Hauptschüleranteil unter den Ausbildungsanfängern vor.

Es ist aber erwartbar, dass Hauptschüler ausgezeichnete Einstiegschancen in diesem Ausbildungsberuf haben!

Straßenbauer

<u>Typische Tätigkeiten:</u>

Ohne sie würde kein Reifen und kaum ein Rad rollen: Straßenbauer bauen Straßen aller Art, Geh- und Fahrradwege, Autobahnen, Fußgängerzonen und Flugplätze. Dafür verdichten sie zunächst den Untergrund, zum Beispiel mit schweren Baggern und Walzen. Dann bauen sie den so genannten Unterbau – das sind Schichten aus Schotter und Gesteinsgemischen. Erst jetzt kommt das, was später für Verkehrsteilnehmer sichtbar ist: die Asphalt- oder Betondecke. Straßenbauer verlegen auch Pflaster und Platten. Sie bauen aber nicht nur neue Verkehrswege, sie setzen auch beschädigte Fahrbahnen wieder instand.

<u>Was solltest du mitbringen?</u>

Neigung zu praktisch-handwerklicher Arbeit mit körperlichem Einsatz sowie zum Umgang mit technischen Geräten und Maschinen.

Stuckateur

<u>Typische Tätigkeiten:</u>

Die „Grundlage" dieses Berufs hast du bereits kennen gelernt: Es ist eine zweijährige Ausbildung zum Ausbaufacharbeiter, bei der du dich im zweiten Lehrjahr auf Stuckateurtätigkeiten spezialisierst. Mit dieser Voraussetzung kannst du nach einem zusätzlichen dritten Jahr den Abschluss „Stuckateur" erwerben. Was machen diese Fachkräfte nun?

Stuckateure sind – wie Estrichleger oder Trockenbaumonteure – Spezialisten des Innenausbaus. Wer bei Ihnen an schmückenden Stuck aus der Gründerzeit denkt (etwa Blumen oder Engelsgesichter an der Decke von Räumen in Altbauten oder auch außen an Häusern), liegt schon ganz richtig: Solchen Gebäudeschmuck herzustellen oder zu restaurieren ist einer ihrer Tätigkeitsschwerpunkte.

Ganz wie ihre Kollegen, die Trockenbaumonteure, stellen Stuckateure aber auch Trockenbauelemente her – zum Beispiel leichte Trennwände – und bauen diese ein. Außerdem stellen sie Mörtelmischungen für Innen- und Außenputze her und verputzen Decken und Wände.

Was solltest du mitbringen?

Interesse an handwerklicher Bautätigkeit mit teils körperlichem Einsatz, Sinn für Formen und Strukturen und Interesse an der Arbeit mit technischen Geräten und Maschinen.

Tankwart

Typische Tätigkeiten:

Sie sind Service-Allrounder – und dies nicht mehr nur rund ums Auto: Mit Coffee to go, Raviolikonserven, Brot und Zeitschriften, Tabak und – im Sommer – Steckgrillen, Grillkohle und Topfpflanzen erinnern viele Tankstellen heute ja an kleine Supermärkte. Tankwarte verkaufen solche Produkte (ebenso natürlich Kraftstoffe wie Benzin und Diesel), führen aber auch kleinere Reparatur- und Wartungsarbeiten durch bzw. beraten Kunden hierbei (z.B. Reifendruck prüfen, Öl- und Batteriewechsel, Austausch von Scheibenwischern).

Was solltest du mitbringen?

Spaß am Kontakt zu Kunden und an einem Arbeitsplatz mit viel Publikumsverkehr, Interesse an Fahrzeugtechnik und handwerklicher Tätigkeit.

Teilezurichter

Typische Tätigkeiten:

Ohne sie würden zahlreiche Anlagen und Apparate still stehen: Teilezurichter stellen Bestandteile von Maschinen, Werkzeugen, Fahrzeugen und Apparaten her – zum Beispiel Rohre und Bleche. Aus diesen „Teilen" (daher die Berufsbezeichnung) entstehen dann wichtige Alltagsprodukte wie Fahrräder, Waschmaschinen oder Heizungen. Ihre Werkstücke geben sie teils zur Verarbeitung weiter, teils montieren sie aber auch selbst Geräte wie die beispielhaft erwähnten. Für die Herstellung der Einzelteile nutzen sie übrigens Maschinen, etwa Fräs- und Bohrmaschinen.

Was solltest du mitbringen?

Interesse an handwerklicher, teils körperlich anstrengender Tätigkeit unter Einsatz von Maschinen.

Tiefbaufacharbeiter

Typische Tätigkeiten:

Schon im zweiten Jahr der Ausbildung zu diesem Beruf spezialisierst du dich auf einen jener Schwerpunkte, den du später – nach einem zusätzlichen dritten Ausbildungsjahr – sogar zu einem weiteren berufsqualifizierenden Abschluss machen kannst:

Im Schwerpunkt *Straßenbau* lernst du wie man Verkehrswege baut. Die konkreten Tätigkeiten entsprechen dabei den Aufgaben von Straßenbauern (also den fertigen Fachkräften, nach dem dritten Lehrjahr) – und die wiederum hast du ja im gleichnamigen Berufsporträt dieses Teils des Buches bereits kennen gelernt. Blättere einfach noch einmal zum Buchstaben „S" zurück ...

Im Schwerpunkt *Rohrleitungsbau* lernst du wie man Erdreich aushebt und Schachtanlagen herstellt, etwa solche aus Betonfertigteilen. Und in diese hinein verlegst du einige der wichtigsten „Lebensadern" jedes industrialisierten Landes, nämlich Gas- und Wasserrohre.

Rohre verlegst du auch im Schwerpunkt *Kanalbau*. Hinzu kommt bei dieser Spezialisierung das Bauen und Pflastern von Kanälen und Abflussrinnen.

Im Schwerpunkt *Gleisbau* stellst du zusammen mit deinen Kollegen zunächst den Gleisunterbau her und verlegst dann Gleise, also Schwellen und Schienen.

Im Schwerpunkt *Brunnen- und Spezialtiefbau* schließlich lernst du wie man Bohrungen durchführt – etwa, um Pumpen zu installieren, die eine Baugrube entwässern sollen (Senkung des Grundwasserspiegels). Auch der Bau von Brunnenschächten gehört zu diesem Schwerpunkt.
Fertig ausgelernte Spezialtiefbauer (= zusätzliches drittes Ausbildungsjahr, wie beschrieben!) sind übrigens später dann auch dafür zuständig, Fundamente und Verankerungen für im Bau befindliche Gebäude herzustellen sowie die Wände von Baugruben abzusichern

Was solltest du mitbringen?

Interesse an den Aufgaben, die in einem dieser Schwerpunkte anfallen – also mindestens an einer Arbeit „auf dem Bau". Außerdem Interesse für die Arbeit mit technischen Geräten und Maschinen und eine Neigung zu praktisch-handwerklicher Arbeit, die bei aller Maschinisierung auch körperlich anstrengend sein kann.

Besonderheiten:

Der berufsqualifizierende Abschluss „Tiefbaufacharbeiter" ist nach zwei Jahren möglich. Da er Teil der gestuften Ausbildung der Bauberufe ist, kannst du nach einem zusätzlichen dritten Jahr den Abschluss als Straßenbauer, Rohrleitungsbauer, Kanalbauer, Brunnenbauer, Spezialtiefbauer oder Gleisbauer erwerben.

Tierpfleger

Auf ins Leopardenrevier: Viele träumen ihr Leben lang davon, Tierpfleger kommen Safari-Situationen ganz nah. Dabei kann es auch körperlich anstrengend zugehen, denn Futter – wie zum Beispiel Heuballen – muss mit Schaufeln und Schubkarren zum hungrigen Getier gebracht werden. Und da der Stoffwechselkreislauf mit dem angerichteten Menü erst beginnt, werden die Gehege regelmäßig von den Verdauungsergebnissen gereinigt – auch das gehört zu den Aufgaben von Tierpflegern.
Übrigens, die Gehege: Diese müssen natürlich auch eingerichtet und instand gesetzt werden – falls die Büffel mal wieder mit dem Kopf durch die Wand wollten. Tierpfleger entwerfen und basteln auch kleine Alltags-Ablenker für ihre gefiederten und felligen Schützlinge: Kannst du dich noch an die tiefgefrorenen „Gemüse-Bomben" für den berühmten Berliner Eisbär Knut erinnern, die dieser erst „freischlecken" musste (= Beschäftigung!)?
Tierpfleger erkennen zudem Erkrankungen der Tiere, beugen diesen vor und wirken bei der Behandlung mit.

Was solltest du mitbringen?

Freude am Umgang mit Tieren und keine Bange vor Arbeit, die auch körperlich anstrengend oder „schmutzig" sein kann. Übrigens: Tierpfleger arbeiten nicht nur in Zoos! Sie sind auch in Tierheimen, Tierpensionen und in der Forschung tätig (siehe den folgenden Abschnitt).

Besonderheiten:

Tierpfleger ist eine dreijährige Ausbildung. Im dritten Ausbildungsjahr spezialisierst du dich auf eine der folgenden drei Fachrichtungen:

- Tierpfleger/in Fachrichtung Forschung und Klinik
- Tierpfleger/in Fachrichtung Tierheim und Tierpension
- Tierpfleger/in Fachrichtung Zoo

Hinweis:

Nähere Informationen zu den genauen Inhalten dieser drei Fachrichtungen erhältst du über die kostenlos zugängliche berufskundliche Datenbank Berufenet: Einfach auf der Startseite http://berufenet.arbeitsagentur.de/berufe/index.jsp „Tierpfleger" eingeben und dann die gewünschte Fachrichtung anklicken!

Tischler

Typische Tätigkeiten:

Eine Holztreppe für das neue Haus? Eine Kommode nach eigenen Ideen? Oder eine Küche nach Maß? Tischler wissen, wie sie die Wünsche ihrer Kunden am besten umsetzen. Sie beraten auch zu allen Fragen, die auftauchen: Soll der Wandschrank eine matte oder glänzende Oberfläche haben? Welches Holz soll verwendet werden? Neben Möbeln stellen Tischler auch Türen und Fenster her – meistens als Einzelfertigung (keine Serienproduktion). Und natürlich lassen sie den Kunden mit dem fertigen Produkt nicht allein: Sie montieren Schränke und Küchen, bauen Fenster, Treppen und Türen im Rohbau ein.

Was solltest du mitbringen?

Freude an der Arbeit mit Holz und an sorgfältiger, handwerklicher Arbeit. Außerdem ein Interesse an der Arbeit mit Geräten und Maschinen sowie Spaß am Kontakt zu Kunden.

Verfahrensmechaniker für Kunststoff und Kautschuktechnik

Typische Tätigkeiten:

Von der Plastiktüte bis zu Autoreifen und Kunststofffenster: Diese Spezialisten stellen verschiedenste Produkte aus Kunststoff und Kautschuk her, wofür sie eine breite Palette an Maschinen bedienen. Dafür befüllen sie diese Maschinen beispielsweise mit flüssigen oder granulatförmigen Vorprodukten, programmieren Produktionstemperaturen in den Displays der Fertigungsanlagen und richten die Maschinen ein. Natürlich kontrollieren sie auch den Fertigungsprozess und prüfen die Ergebnisse, die sie – je nach Produktionsauftrag – auch veredeln, indem sie etwa Oberflächen schleifen.

Was solltest du mitbringen?

Interesse an der Arbeit mit Maschinen, den Werkstoffen Kunststoff und Kautschuk und sorgfältiger, planender Arbeit.

Besonderheiten:

Diese Ausbildung ist in den folgenden Schwerpunkten möglich: Bauteile, Faserverbundwerkstoffe, Halbzeuge, Kunststofffenster, Mehrschicht-Kautschukteile, Formteile.

Verkäufer

Typische Tätigkeiten:

Verkäufer verkaufen und beraten Kunden zu den Produkten, die sie verkaufen. Dabei ist die Palette besagter Produkte so breit wie die möglichen Einsatzorte dieser Fachkräfte: vom Supermarkt über das Kaufhaus bis hin zum Einzelhandelsgeschäft an der Ecke. Die so genannten Warensortimente, auf die sie sich spezialisieren, entsprechen dem Angebot des Marktes: Lebensmittel, Kleidung, Haushaltswaren, Telekommunikationsbedarf, Sport- und Freizeitwaren usw.

Was solltest du mitbringen?

Freude am Kontakt zu Kunden, an der Arbeit an einem Ort mit viel Publikumsverkehr und am Umgang mit Zahlen.

Besonderheiten:

Es handelt sich hier um den ersten berufsqualifizierenden Abschluss einer gestuften Ausbildung: Als ausgelernter

Verkäufer kannst du ein zusätzliches drittes Jahr an deine Ausbildung anfügen und dann den Abschluss Kaufmann/-frau im Einzelhandel erwerben.

Verpackungsmittelmechaniker

Typische Tätigkeiten:

Ob für Fruchtsäfte, Milch oder Tütensuppen: Verpackungen aus Pappe, Papier, Kunststoffen und Metallfolien sind aus dem Konsumalltag nicht wegzudenken. Verpackungsmittelmechaniker beherrschen alle Arbeitsschritte von der Konstruktionszeichnung bis zur maschinellen Fertigstellung von Verpackungen. Am Computerbildschirm entwerfen sie entsprechende Muster und Konturen und geben die für die Herstellung nötigen Daten in Verpackungsmittelmaschinen ein. Beim Entwurf orientieren sie sich an den Wünschen der Kunden, an der Beschaffenheit des Produkts, das verpackt werden soll, und den Anforderungen des späteren Transports.

Was solltest du mitbringen?

Interesse am Umgang mit unterschiedlichen Werkstoffen (Kunststoff, Papier, Pappe, Metallfolien), an technischer Tätigkeit (Einrichten und Bedienen von Produktionsmaschinen) und an sorgfältiger, exakter Arbeit (Konstruktionszeichnungen).

Werkzeugmechaniker

Typische Tätigkeiten:

Ihre Berufsbezeichnung ist leicht missverständlich, denn Hämmer und Schraubenzieher produzieren diese Fachkräfte nicht: Ihre Aufgabe ist vielmehr, die Werkzeuge und Formen *für* industriell in Serie gefertigte Produkte anzufertigen. Die Werkzeuge also, mit denen dann Kühlschrankwände, Türklinken oder auch Kotflügel produziert werden. Das können dann zum Beispiel Stanzwerkzeuge sein, die in der Fließbandproduktion in bestimmten Abständen Löcher in metallene Werkstücke stanzen. Oder Gussformen, in die heißes Metall gegossen wird, das nach der Aushärtung dann ein fertiges Produkt darstellt.

Was solltest du mitbringen?

Freude an präziser Arbeit nach Plan (technische Zeichnungen), an handwerklicher Tätigkeit und am Umgang mit Maschinen und Geräten.

Video zum Beruf:

Möchtest du dir diesen Beruf ein wenig besser „live" vorstellen können? Hier findest du ein Video: www.meinfomobil.de/portal_frs.htm ➔ (oben links) Link „Berufe" ➔ Link „Metallberufe" ➔ Link „Werkzeugmechaniker" ➔ Das Video startet durch Anklicken des Bewegtbildstreifens unter dem Foto, der sich links neben dem Text befindet.

Zerspanungsmechaniker

Typische Tätigkeiten:

Wo gefräst wird, fallen Metallspäne: Dies gilt für die Arbeit von Zerspanungsmechanikern ganz buchstäblich, deren Berufsbezeichnung hierauf zurückzuführen ist. Ob sie Werkstücke nun manuell (= mit der Hand) oder computergestützt (= mit einer Maschine, die sie selbst zuvor entsprechend programmieren und bedienen) herstellen: Präzises Arbeiten ist immer gefragt, da Werkstücke, die später Teil größerer Geräte oder Anlagen werden, passen müssen – auf den hundertstel oder tausendstel Millimeter. Wichtig sind aber auch gute Mathekenntnisse und räumliches Vorstellungsvermögen, da Zerspanungsmechaniker technische Zeichnungen lesen und Fertigungsabläufe in Maschinen eingeben müssen.

So genannte „spanende Verfahren", wie sie diese Fachleute einsetzen, sind übrigens neben dem Fräsen auch Schleifen und Drehen.

Typische Produkte, die Zerspanungsmechaniker herstellen, sind Gewinde, Teile von Getrieben, Turbinen oder Motoren, Zahnräder und Radnaben.

Was solltest du mitbringen?

Gute Mathekenntnisse, räumliches Vorstellungsvermögen, Interesse an der Arbeit mit Metall und am Umgang mit Maschinen und Geräten, handwerklich-praktische Begabung und eine präzise Arbeitsweise.

Video zum Beruf:

Möchtest du dir diesen Beruf ein wenig besser „live" vorstellen können? Hier findest du ein Video: www.meinfomobil.de/portal_frs.htm → (oben links) Link „Berufe" → Link „Metallberufe" → Link „Zerspanungsmechaniker" → Das Video startet durch Anklicken des Bewegtbildstreifens unter dem Foto, der sich links neben dem Text befindet.

Zimmerer

Typische Tätigkeiten:

Grundsätzlich sind Zimmerer die Experten für Holzkonstruktionen für den Bau – also solche, deren Größe über typische Tischlerprodukte wie Tische, Stühle und Regale hinausgeht (dies als Abgrenzung zu diesem anderen Holz verarbeitenden Beruf). Zimmerer bauen zum Beispiel Holzhäuser, Holzdecken- oder -treppen und Dachstühle. Für die Herstellung ihrer Einzelteile nutzen sie neben traditionellen Werkzeugen wie Sägen auch Maschinen. Auf der Baustelle montieren sie ihre genau nach Plan gefertigten Holzkonstruktionen.

Was solltest du mitbringen?

Interesse an handwerklicher Arbeit mit dem Werkstoff Holz und an der Arbeit mit technischen Geräten und Maschinen.

Zweiradmechaniker – Fachrichtung Fahrradtechnik

Siehe → „Fahrradmonteur" → „Besonderheiten"

Zweiradmechaniker – Fachrichtung Motorradtechnik

Typische Tätigkeiten:

Für viele Verbraucher sind Motorräder längst mehr als reine Gebrauchsgegenstände – sie sind oft Spaß- und Freizeitvergnügen, was sich auch in der steigenden Beliebtheit von Mehrradfahrzeugen wie Quads zeigt. All diese motorisierten Zwei- und Mehrradfahrzeuge werden von Zweiradmechanikern der Fachrichtung Motorradtechnik repariert, gewartet und falls nötig instand gesetzt – oder auch komplett neu zusammengebaut. Im Bereich Reparaturen ersetzen diese Spezialisten beispielsweise verschlissene bzw. kaputte Bauteile durch neue. Oder versuchen, per Fehlerdiagnose überhaupt erst einmal der Ursache für eine Funktionsstörung auf die Spur zu kommen.

Was solltest du mitbringen?

Handwerkliches und technisches Geschick und Interesse, Spaß an der Beratung von Kunden.

Tipp:

Über alle in diesem Abschnitt vorgestellten Ausbildungsberufe kannst du dich vertiefend in der Datenbank Berufenet informieren: einfach die jeweilige Ausbildungsbezeichnung auf der Startseite http://berufenet.arbeitsagentur.de/berufe/index.jsp eingeben und den Links der Ergebnisseiten folgen.

Auswertung/ Mein Endergebnis:

Du hast dich jetzt detaillierter mit den Ausbildungsberufen beschäftigt, die zu deinen liebsten Fähigkeiten, Eigenschaften, Arbeitsorten und Arbeitsmitteln passen, welche du zuvor herausgearbeitet hattest.

Das kannst du über die angegebenen Internetquellen oder

durch Berufsberatungen selbstverständlich noch weiter vertiefen.

Welches sind deine Favoriten unter den verschiedenen Ausbildungen, also deine „top 3" oder „top ten"?

Notiere sie nun bitte abschließend:

_____

_____

_____

_____

Und jetzt viel Erfolg! – die Suche nach einem Ausbildungsbetrieb & Online-Stellenbörsen

Eine wichtige Quelle für die Suche nach einem Ausbildungsplatz ist **deine örtliche Industrie- und Handelskammer oder Handwerkskammer**. Hier kannst du dich nach Ausbildungsplätzen erkundigen. Das funktioniert heute in der Regel auch online, da die Kammern auf ihrer jeweiligen Homepage in der Regel einen Link „Ausbildungsbörse" bzw. „Lehrstellenbörse" anbieten.

Im Internet hilft oft der Blick **in www.arbeitsagentur.de**: Hier wählst du den Link **„Jobbörse"**. Auf der Ergebnisseite wählst du im Drop-down-Menü (Herunterklappmenü) den Eintrag „Ausbildung".

Natürlich kannst du auch jede **andere Online-Jobbörse** nutzen! Eine **Übersicht** ausgewählter, fachlich passender Internet-Stellenmärkte erhältst du wiederum über eine Internetseite der Bundesagentur für Arbeit: in der sehr guten Datenbank Berufenet.
Gib auf der dortigen Startseite http://berufenet.arbeitsagentur.de/berufe/index.jsp deine Wunschausbildung ein (zum Beispiel „Gärtner") und wähle – falls vorhanden, etwa beim Gärtner – deine bevorzugte Fachrichtung (z.B. Gärtner der Fachrichtung Garten- und Landschaftsbau). Auf der Seite, die du nun erreichst, findest du am linken Bildschirmrand unter anderem den Link „Stellen- und Bewerbersuche". Klicke diesen an und du gelangst zu einer Vielzahl ausgewählter Stellenbörsen, die wirklich zum Beruf passen.
Bei Berufen ohne Fachrichtung gehst du genauso vor – dort findest du den genannten Link „Stellen- und Bewer-

bersuche" eben nur ohne Umweg über einen Fachrichtungslink.

Darüber hinaus empfiehlt sich die Suche nach Ausbildungsbetrieben in deinen örtlichen **Gelben Seiten** (noch besser ist es natürlich, wenn du überregional mobil bist...).

Oder du schaust direkt auf der **Homepage passender Ausbildungsbetriebe** nach, ob diese unter dem entsprechenden Link („Stellenangebote" oder „Ausbildung") Ausbildungsplätze anbieten. Manchmal versteckt sich dieser Link übrigens hinter Links wie „Aktuelles" oder „Unternehmen" oder „Wir über uns".

Eine gute Strategie ist es auch, **persönlich** in einem Geschäft bzw. Betrieb vorbeizuschauen und dort **nach Ausbildungsplätzen** zu **fragen**. So bleibst du beim Chef/ der Chefin in Erinnerung und hebst dich von anderen Bewerbern ab!

Zum Abschluss möchte ich dir noch einige **Online-Stellenbörsen** nennen, nach Gruppen sortiert:

Allgemeine Stellenbörsen:

www.consultants.de
www.crosswater-systems.com
www.dooti.de
www.fazjob.net
www.job-consult.com
www.jobanova.de
www.jobjet.de
www.jobkurier.de
www.jobmagazin.de
www.jobomat.de

www.jobpilot.de
www.jobrapido.de
www.jobrobot.de
www.jobs.de
www.jobscout24.de
www.jobsintown.de
www.jobstairs.de
www.jobware.de
www.jobworld.de
www.monster.de
www.stellenanzeigen.de
www.stellenboersen.de
www.stellenmarkt.de
www.stepstone.de
www.stellen-online.de
www.topjobs.

Branchen-Stellenbörsen:

Automobilbranche
www.Automotive-job.net

Biologie/ Chemie
www.Analytik.de
www.analytik-news.de/Jobs
www.biokarriere.net
www.chemiekarriere.net
www.jobvector.de
www.pharmajob.info

Ernährung/ Landwirtschaft/ Umwelt
www.agrijob.de
www.bildungsserveragrar.de/stellenmarkt
www.greenjobs.de
www.greenprofi.de

Gastronomie/ Tourismus
www.fvw.de
www.hotel-career.de
www.hoteljob-deutschland.de
www.hotelstellenmarkt.de
www.lebensmitteljob.de
www.rollingpin.de

Gewerbliche Berufe
www.aktuelle-jobs.de
www.arbeiten.de
www.friseurjobagent.de
www.kepplermediengruppe.de

Lebensmittel
www.lebensmitteljob.de
www.lz-net.de/jobs

Logistik
www.logistik-jobs.de

Praktikumsbörsen
www.1000praktika.de
www.planetpraktika.de
www.prabo.de
www.praktika.de
www.praktikum.de
www.praktikum.info
www.praktikums-boerse.de
www.praktikum-service.de
www.wiwo.de

Und ganz zum Schluss nun noch einige **Bewerbungsratgeber**:

www.arbeits-abc.de
www.arbeitsratgeber.de
www.arbeitsagentur.de
www.authentisch-bewerben.de
www.berufsstrategie.de
www.bewerbungen.de
www.bewerbungsberatung-albrecht.de
www.bewerbungslexikon.de
www.focus.msn.de/D/DBdb.htm
www.jobguide.de
www.jobmoney.de
www.jova-nova.com
www.karriereakademie.de
www.karrierehandbuch.de
www.pointofcareer.de
www.selbstvermarktungsstrategie.de
www.sueddeutsche.de/jobkarriere.de
www.ulmato.de
www.zeugnisberatung.de